Friedrich Schorlemmer

Unsere Erde ist zu retten

Friedrich Schorlemmer

Unsere Erde ist zu retten

Haltungen, die wir jetzt brauchen

HERDER

FREIBURG · BASEL · WIEN

MIX
Papier aus verantwor-
tungsvollen Quellen
FSC® C083411

© Verlag Herder GmbH, Freiburg im Breisgau 2016
www.herder.de
Alle Rechte vorbehalten

Satz: de·te·pe, Aalen
Herstellung: CPI books GmbH, Leck

ISBN 978-3-451-34978-2

Inhalt

Epilog   145

Prolog:
Brief aus Wittenberg nach Rom

Hochverehrter Papst Franziskus,

als Protestant wende ich mich voller Sympathie und großem Respekt an Sie, von Herzen dankend für all das, was Sie in der kurzen Zeit Ihres Pontifikates bereits angestoßen und auf imponierende Weise auf den Weg gebracht haben.

Der »Briefwechsel« zwischen dem großen Rom und dem kleinen Wittenberg, zwischen Römischem Papst und Wittenberger Bibelprofessor ist seit 1520 wahrlich nicht gerade das, was man einen guten Umgang zwischen Christen zu nennen vermag. Beide Seiten haben sich nichts geschenkt und mögen sich nun nicht nur schämen oder für längst Überwundenes entschuldigen, sondern sie mögen gemeinsam nach heutigen so großen Herausforderungen für uns Christen fragen und sich engagieren: für den gefährdeten Frieden, für die Überwindung der Welt-Ungerechtigkeit, für die Bewahrung unserer bedrohten Schöpfung.

Gemeinsam werden wir Erkenntnis und Hoffnung, Kraft und Freude, Grundvertrauen und Orientierung in der Heiligen Schrift suchen und finden – beginnend immer mit dem Lobpreis und mit der Dankbarkeit für das Leben. Aus Ehrfurcht für das Leben! Der Freude lassen Sie eine Sorge folgen, die sich vor der Lähmung zu hüten vermag.

Also aus Wittenberg – der Stadt des Thesenanschlags von 1517 – schreibe ich Ihnen. Dies war die Stadt eines großen, europaweiten Reformimpulses. Und sie war Ausgangspunkt einer schmerzlichen Spaltung der westlichen Kirche. Ecclesia semper reformanda – Kirche ist eine sich stets reformierende, an ihre Wurzeln und an ihren Auftrag sich permanent erinnernde, also auch selbstkritische Kirche.

Sie haben durch Ihre Person und durch die Zeichen, die Sie wieder und wieder wirkungsvoll gesetzt haben, der römisch-katholischen Kirche – aber auch weltweit den Kirchen – ein wenig von der lebensnotwendigen Glaubwürdigkeit zurückgeben, ja schenken können – in gemeinsamer Verantwortung für die besonderen Herausforderungen: Urbi et orbi!

Ich spüre und teile Ihre Sorge um unser gemeinsames Haus. Mich besticht und ermutigt Ihre Klarheit, Ihr Wahrheitsmut, Ihre Hoffnung.

Wer bin ich, dass ich mich an Sie wenden dürfte?

Ein evangelischer Mitchrist und Pfarrer, der in Ihnen einen Mitbruder erkennt, schätzt und mit großem Respekt und ebenso großem Staunen wahrnimmt, wie Sie sich zu Elenden, zu allen Elenden, herunterbeugen. Das bleibt bei Ihnen erkennbar keine bloß liturgische Geste. Ihr Tun ruht in einer tiefen Spiritualität, in der Sie Welt und Gott zusammendenken. In Ihrer Enzyklika »Über die Sorge für das gemeinsame Haus« wenden Sie sich nicht nur an die katholische Welt, auch nicht nur an »alle Menschen guten Willens«, schon gar nicht an das große Abstraktum »Menschheit«, sondern »an jeden Menschen, der auf diesem Planeten wohnt«. Weil sich die Probleme universalisiert haben, kommt es jetzt buchstäblich auf jeden einzelnen Menschen, auf die souverän erhobene Stimme jedes einzelnen an.

Sie benennen eine verhängnisvolle Fehlentwicklung, wenn wir – die Gattung Mensch – in herrschaftlicher Pose vergessen, dass wir doch selber Erde sind, und dass unsere unterdrückte verwahrloste, verwüstete Erde seufzt. Sie liegt in Geburtswehen, wie es der Apostel Paulus in seinem Brief an die Römer im 8. Kapitel eindrucksvoll geschrieben hat.

»Die Zeit zu schweigen ist vergangen, die Zeit zu reden ist gekommen«, meinte Martin Luther 1520 unter ganz anderen Bedingungen und in anderen Bezügen. Aber es ist durchaus auf das heutige Leben beziehbar, ja, es besitzt ungeheure existentielle Dringlichkeit.

Die Natur seufzt und schreit. Hören wir? Und was passiert, wenn wir weiterhin nicht hören, weiterhin so taub, gleichgültig, unberührt bleiben?

1520 wandte sich der kleine Mönch Martin Luder, ein Bibel-professor aus dem Schwarzen Kloster der Augustinereremiten, mit einer umfassenden Reformschrift an den damaligen Kaiser und den ganzen christlichen Adel – also an die damaligen höchsten weltlichen Autoritäten. Er tat dies aus Verzweiflung über den Reform-Unwillen der damaligen römischen Kirche, unter deren Bannandrohung er selber geraten war. Gänzlich undenkbar für ihn, dass sich je ein Papst in Rom in Stil und Inhalt so engagieren und sich der vielleicht wichtigsten (Über-)Lebensfrage zuwenden würde: Wie bleiben uns diese wunderbare Erde und die Wunder des Lebens, darunter das Lebenswunder Mensch erhalten? Was ist jetzt von uns allen zu tun bzw. zu unterlassen, wenn wir wollen, dass lebens- und liebenswürdiges Leben in dieser Schöpfung bleibt – und sich die ungeheuer angewachsene technische Macht des Menschen (als Hybris!) in ein lebensverträgliches, ein bescheideneres, vielfältigeres, rücksichtsvolleres, achtsameres Verhalten wandelt? Diese Macht kann sich nur wandeln, indem der Mensch aufhört, die Schöpfung weiter nur zu verbrauchen und sie in immer größerem Tempo und Ausmaß zu verwüsten.

Sie verweisen überzeugend darauf, dass und wie Natur und Kultur zusammenhängen und warum wir eine Kultur brauchen, die den vielfältigen Wechselbeziehungen der Natur Rechnung trägt. Diese Kultur erfordert, das Leben täglich als ein Geschenk zu betrachten, ein Geschenk, das uns buchstäblich in den Schoß *gefallen ist und dem Menschen zum Bewahren anvertraut wurde.*

Sie machen deutlich, dass wir Menschen nicht die letzte Instanz sind, aber wir uns in der Regel so achtlos verhalten, als ob uns alles gehört und wir alles in unserem Interesse unbegrenzt verbrauchen könnten. Wo wir Menschen keine Instanzen mehr über uns anerkennen, dort wird alles sehr schnell zum bloßen Material degradiert.

Wir sind neu herausgefordert, weil die globalisierte Welt uns Menschenkinder alle verschärft vor globale lebensbedrohliche Zusammenhänge stellt. Da gilt es, mit Besonnenheit und Zuversicht zu reden und zu beten, zu feiern und zu demonstrieren, zu fordern und zu fördern, als einzelne uns einzusetzen und uns zusammenzuschließen »mit allen Menschen guten Willens«! Vor allem aber auch weiter diese Welt zu besingen und für den Reichtum des Lebens zu danken.

Es bleibt eine nachwirkende Überraschung, dass Sie als argentinischer Bischof, als Mitglied des Jesuitenordens, als Bischof von Rom sich den Namen Franziskus gewählt und damit ausdrücklich Ihr Vor-Bild benannt haben: besondere Achtsamkeit gegenüber den Schwachen, für eine ganzheitliche Ökologie, für eine geradezu poetische Schöpfungstheologie.

Dass ich als Protestant (durch Herkunft und aus Überzeugung evangelisch) aus Wittenberg von Ihnen, einem Papst in Rom, begeistert sein könnte, das würde Martin Luther sehr verwundert haben.

Aber hatte sich dieser nicht auch, ganz im Geiste des Franziskus, für die von Menschen zum Verzehr eingefangenen Singvögel eingesetzt? Demütig bemerkte er: »Vor einem Baum, von dem man Schatten hat, soll man sich verneigen«.

Und der Luther des Jahres 1520 wollte mit seinen damals so wirkmächtigen Schriften keine Spaltung der Kirche, sondern deren Erneuerung – durch den Rückgriff auf die Heilige Schrift, durch die Konzentration auf die Christusbotschaft und den Glauben, durch die Berufung auf geschenkte Freiheit und verpflichtende Mündigkeit des Einzelnen.

Martin Luther lebte in einer Zeit voller Endzeiterwartungen.

Nach 500 Jahren müssen wir konstatieren: Die Welt ist in elementarer Gefahr, und dies hat mit dem Handeln von Menschen zu tun. Denn der Globus wird durch uns in Gefahr gebracht – in einem voneinander abhängigen »interdependenten« Oikos. Die Zeche für die ökologischen Krisen werden zuerst die ohnehin schon Armen zu zahlen haben. Sie sind empört. Mit Recht. Sie haben Ihre Enzyklika wie ein Manifest an die Welt gerichtet.

Sie ist ein Trompetenweckruf, sie ist eine Hoffnungsfanfare für menschliche Einsicht und Mitfühlsamkeit, und sie ist eine Lockflöte in ein einfacheres, reicheres, gerechteres, unmittelbareres Leben.

Sie sprechen als eine Autorität der Weltchristenheit nicht nur die 1,2 Milliarden Katholiken in der Welt an, sondern alle Menschen, die wollen, dass diese Welt gut bewohnbarer Lebensort bleibt: für alle Lebewesen. Vor allem für alle, die wissen, dass man Geld nicht essen kann.

Beten wir miteinander.

Danken und singen wir.

Sorgen und hoffen wir.

Fordern und vertrauen wir.

Gehen wir miteinander!

Hinführung

Die Zeit drängt

Wenn wir (entsetzt) fragen »Bist du noch zu retten?«, dann meinen wir: »Du machst etwas ganz Unmögliches und bist schon ganz tief unten«. Wir sind mit unserem gemeinsamen Haus Erde in einer kritischen Situation, ja an einer existentiellen Scheide angelangt. Und die Frage »Ist unsere Erde noch zu retten?« ist vielleicht die alles entscheidende Frage, nicht nur für uns, sondern auch für die Generationen nach uns.

Just während der größten Weltkonferenz aller Zeiten, im Dezember 2015, war die Stadt Peking vier Tage lang gelähmt. Den Einwohnern der 21-Millionen-Metropole wurde empfohlen, nicht nach draußen zu gehen. Eine dicke Smog-Schicht lag über der Stadt. Die erreichten Werte lagen für den besonders gefährdenden PN 2,5 Feinstaub bei bis zu 600 Mikrogramm pro Kubikmeter. Die Weltgesundheitsorganisation empfiehlt, dass ein Grenzwert von durchschnittlich 25 Mikrogramm, über den Tag verteilt, nicht überschritten werden soll.

Und nur eine Nachricht am Rande ist es den Medien wert, wenn die Wälder Russlands bis in die Nähe der Hauptstadt Moskau schwelen und die Brände sehr schwer unter Kontrolle zu bringen sind. Die Wälder schwelen nach langer Trockenheit, auch in den brandgerodeten Urwäldern Malaysias. Und im Rhein, mitten in Europa, wird eine hohe Konzentration von Plastikpartikeln festgestellt, die so gefährlich sind, weil sie von den Fischen aufgenommen werden, aber unverdaulich sind.

Der Flugverkehr nimmt weiter rasant zu. Ganz abgesehen von dem großen Landverbrauch, den ein Flughafengelände mit seinen Startbahnen mit sich bringt – ist das Flugzeug nicht längst ein »Fluch-Zeug« geworden, im Hinblick auf den CO_2-Ausstoß dieser riesigen Luftvögel?

Die Zersiedelung und Versiegelung der Landschaften geht in ungebremster Weise voran. Pro Tag werden in Deutschland Bodenflächen in der Größe von mehr als 100 Fußballfeldern zubetoniert.

Wir erleben die Folgen der Flussbegradigungen, ob nun an der Elbe und Saale, dem Rhein und der Donau, sei es im Sinken des Grundwasserspiegels und als Austrocknen oder als »Jahrhundert-Hochwasser« (2002 an der Elbe und 2013 gleich noch einmal).

Die Belgier und die Tschechen meldeten »Störungen« an ihren Atommeilern, die zum zeitweisen Abschalten führten. Das Verharmlosen, jüngst auch im elsässischen Fessenheim, gehört nach aller Erfahrung zum Geschäft der Atomlobbyisten. Sie halten es auch für unstatthaft, immer wieder zu fragen: Wohin? Wohin mit dem 24.000 Jahre strahlenden Atommüll? Wir leben weltweit auf einem Vulkan!

Die Naturkreisläufe des Lebens sorgen für das ökologische Gleichgewicht. Aber die Lebenszyklen werden mit Zynismus im hemmungslosen globalen Kapitalismus verletzt, etwa durch das rücksichtslose Abholzen von Urwäldern. Die Wüsten wachsen. Täglich. Die Weltmeere sind überfischt, das Artensterben wird weiter zunehmen. Durch den vom Menschen verursachten Kohlendioxidausstoß erwärmt sich die Welt bedrohlich. Die Permacfrostregionen tauen auf. Unmengen an

Methan werden in die Atmosphäre entlassen. Das führt zur weiteren Erwärmung mit drastischen Klimafolgen.

Bei der Vielzahl von Gefahren, die jedermann wissen kann, ist es menschlich nur allzu verständlich, dass man Probleme verniedlicht, verdrängt, verschweigt. Die berühmten drei Affen – nichts sehen, nichts hören, nichts sagen – sind omnipräsent.

Um auch dies wieder und wieder ins Gedächtnis zu bringen: Weltweit sind 60 Millionen Menschen auf der Flucht. Achtzig Prozent dieser Menschen finden in Entwicklungsländern Zuflucht. Die Menschen fliehen nicht, wenn ihnen Sicherheit und Frieden, Stabilität mit Nahrung und Obdach geboten werden. Und dazu gehört, dass die Menschenrechte geschützt und gestärkt werden. Wie aber kann das gewährleistet werden, wenn die Bundesrepublik mit Schinderstaaten wie Saudi-Arabien einträglichen Waffenhandel pflegt und mit einem Regime wie dem der Türkei paktiert? Die gegenwärtige Flüchtlingskrise ist eine Krise der internationalen Solidarität in der *einen* Welt, in der wir uns nicht mehr abschotten können und alle voneinander auch schuldhaft abhängig sind.

Ob wir mündige Menschen bleiben, mündige Menschen werden und den Mut finden, uns unseres eigenen Verstandes zu bedienen, wird in der Mehrgenerationen-Perspektive eine der Grundfragen würdigen menschlichen Überlebens auf dieser Erde sein. Diese Erde, unser gemeinsames Haus ist in akuter Gefahr. Dieser wunderbare, dieser einzigartige, für uns Menschen einzige Planet Erde, ist *rettenswert*. Er ist *rettungsbedürftig*, und wir sind fähig, ihn zu retten: wir, die das drohende Unheil verursachen. Und auch wir sind zu retten als Nutznießer und Schreckensverursacher.

Ich blicke zurück: Im Jahre 1988 haben wir in der Wittenberger Vorbereitungsgruppe für den Kirchentag in Halle »prophetisch-apokalyptisch« gefragt, was aus dem Klima würde, wenn die Chinesen einen dem Westen vergleichbaren Lebensstandard erreichen würden, einschließlich eines Autos für jeden Landesbewohner. Schon damals waren wir überzeugt, dass der Psalmbeter Recht hat:

> Die Erde ist des Herrn und was darinnen ist,
> der Erdkreis und die darauf wohnen. (Ps 24,1)

Schon damals war uns klar, was das heißt: Vom Ganzen der Welt her zu denken, nicht nur vom Menschen aus, egozentrisch. Wenn ich dies heute wiederhole, befinde ich mich in einem Chor Gleichgesinnter und Gleichgestimmter, lebe in einer »Wolke von Zeugen« (Hebr 12,1), der kleinen wie der großen. Ich hebe Gedanken auf, in denen ein Mehrwert steckt aus den letzten 40 Jahren und versuche, sie aus der Versenkung zu holen, sie vor dem Vergessen zu bewahren, sofern darin Erkenntnisse verborgen sind, die uns heute noch (oder wieder, oder neu) hilfreich sind. Gebete und Gedichte sind darunter, Meditationen und Provokationen, Analytisches und Poetisches, sehr Persönliches und sehr Politisches..

Ja, unsere Welt ist zu retten. Darin steckt ein Indikativ und ein Imperativ: Sie ist rettungsbedürftig, erhaltungsfähig und erhaltungswürdig. Inzwischen erkennen wir mehr und mehr die fatale Wirkung unseres anthropozentrisch verengten Verständnisses des »göttlichen« Auftrags, sich die Erde untertan zu machen (Gen 1,26–30). Dabei müssen wir die großen Leistungen des Menschengeschlechts beim Erkennen und Nutzbarmachen der Welt nicht schmälern. Das Schöpfungszeugnis wurde aber verdunkelt. Irrwege und zerstörerische Folgen von Wissenschaft und Technik sind die Konsequenz. Man fragte und fragt nicht mehr, was man soll oder nicht soll, sondern machte und macht, was man kann. Technikfolgenabschätzung heißt eine der heute unumgänglichen Maximen; technische und ethische Fragen gehören eng zusammen.

Inzwischen ist der Auftrag des zweiten Schöpfungsberichts geradezu als eine Überlebensmaxime ins Blickfeld gekommen, dass Gott den Menschen in einen Garten gesetzt habe, »dass er ihn bebaute und bewahrte« (Gen 2,15). Wer Mitverantwortung übernehmen will, sollte nicht übersehen, dass das Urteil Gottes über seiner ganzen Schöpfung »tow« – es ist gut so – lautet.

Wer das Gute dieser Schöpfung erkennt und erlebt, mag auch vor Pessimismus und aller lähmenden Angst gefeit sein. Schöpfungslob und eine positive Haltung zur Welt gehören zu den grundlegenden Kennzeichen von Christen. Hoffnung schließt freilich eine genaue Analyse der Situation ein. Hoffnung muss wissen, worum es sich handelt. Und sie muss Antworten im eigenen Handeln, der eigenen Praxis finden. Und auch das muss sich in bestimmten Handlungsweisen niederschlagen und verstetigen.

Dass das Lob der Schöpfung und die Sorge um die bedrohte Erde zusammengehören, ist der durchgehende Gedanke dieses Buches. Deshalb ist es ein Plädoyer für die Ungeduld. Und ein Plädoyer gegen die Angst.

Alle lebensbewahrenden, alle rettenden Ideen sind längst auf und in der Welt. Aber sie brauchen Subjekte, die einfühlsam, problembewusst, tatkräftig dafür werben, dass die ganze Weltgesellschaft im Tun jedes Einzelnen umkehrt und dem überall gefährdeten Leben eine kräftige Stimme leiht: Singend, protestierend, genießend, anklagend, aufrüttelnd, zuversichtlich.

Unsere Erkenntnisse über die elementaren Gefahren brauchen mehr Selbsterkenntnis für die nötige Selbstbegrenzung und für eine ökologisch-ökumenische Praxis, die sich den anthropologischen wie den ökonomischen, den politischen wie den spirituellen, den technischen wie den rechtlichen Fragen zuwendet. Es kann nicht mehr so weitergehen. Wir können nicht mehr so weitermachen. Wir brauchen Umkehr. Ich hoffe darauf, dass sie möglich ist. Bei jedem einzelnen, bei uns allen, hier und in der weiten Welt.

Spero contra spem.

»Laudato si« richtet sich an die ganze Welt, an alle Menschen guten Willens, an alle Christen, nicht nur an die Katholiken. Zur Beantwortung der anstehenden Probleme brauchen wir in der Tat auch eine neue Sicht der Ökumene, die sich aus einer gemeinsamen Verantwortung ableitet, eine Allianz, die sich aus der Gemeinsamkeit der Aufgaben definiert und sich nicht durch Unterschiede und Differenz bestimmt.

»Ökumene« heißt ja: die ganze bewohnte Erde. Auch das Wort »Oikos«, Haus, steckt in dem Wort Ökumene.

Ein Grundthema dieses Buches ist also auch: Was kann, was soll die Ökumene der Christen heute? Es geht heute nicht in erster Linie um die Klärung theologischer Streitfragen, dogmatischer und kirchlicher Differenzen. Ökumene in Zeiten der sich globalisierenden Welt stellt Christen aller theologischen Traditionen und aller kirchlichen Denominationen vor eine gemeinsame Aufgabe: die Rettung unserer Erde, die wir Christen mit allen Menschen teilen, und die Bewahrung des gemeinsamen Hauses, das wir mit sieben Milliarden Menschen, mit Millionen Spezies, mit allen Geschöpfen unserer Erde bewohnen.

Verpflichtung und Chance

Ökumene heute ist durch die Globalisierung neu herausgefordert. Was wir Globalisierung nennen, kommt sehr konkret als die Erkenntnis auf uns zu, dass *alles* mit *allem* und mit *allen* zu tun hat und verbunden ist: mit Hunger- und Bürgerkriegsflüchtlingen, mit globalem Ressourcenkampf, mit ökologischen (menschengemachten) Katastrophen, sodann mit kollektiver Regression in nationale oder kulturell-religiöse Abschottung. Und das just zu einer Zeit, da wir uns als die eine Menschheit zu konstituieren hätten.

Viele in den Kirchen haben sich diesen Herausforderungen schon länger, bewusst seit den 80er Jahren, in einem gemeinsamen Lernweg, im sogenannten »Konziliaren Prozess für Gerechtigkeit, Frieden und Bewahrung der Schöpfung« gestellt. Gerade hinter dem »Eisernen Vorhang«, wo ich damals lebte, hat dieser Impuls viel bewegt. Manche Herausforderungen sind auch nach dem Fall der Mauer geblieben. Andere haben sich verschärft. Ich stelle in diesem Buch daher immer wieder die Frage: Wie viel *Ausblick* von heute steckt im *Rückblick* auf die letzten Jahrzehnte und was bedeutet es, dass wir mit der existentiellen Gefahr für das Überleben der Gattung seit Hiroshima schon *eine* Menschheit geworden sind?

Bereits 1959 hatte Günther Anders sein Hiroshima-Tagebuch herausgegeben. Dieser Verfasser des Buches »Die Antiquiertheit des Menschen« schärft uns eine andere Bezeichnung unserer menschheitlichen Gefahrenlage ein, damit wir nichts verharmlosen. In einer Zeit, in der eines der ärmsten und gleichzeitig unberechenbarsten Länder der Welt, nämlich Nordkorea Atomexperimente macht, wird deutlich, dass auch nach dem Ende der früheren Ost-West-Konfrontation das Leben auf diesem Globus keineswegs sicherer geworden ist. Nordkoreanische Interkontinentalraketen könnten bald die amerikanische Westküste erreichen.

Dem Wort »Krieg«, schrieb Anders, müssen wir den Krieg erklären. »Gute, friedliche Zeiten, als es noch Kriege gab! Denn die Unterstellung, dass das, was bei Ausbruch eines atomaren Konflikts anhöbe, irgendetwas mit dem, was bis gestern mit diesem Wort bezeichnet worden war, zu tun habe, ist einfach Lüge.« Er weist darauf hin, dass ein atomarer Krieg ein Kontinuum des Lebens in einem »Nachkriegszustand« nicht mehr offenlässt. (Günther Anders, Tagebuch aus Hiroshima und Nagasaki, Berlin 1965, S. 86f.)

Die Atombombe hat vielen Menschen klargemacht: Die Menschheit kann sich selber auslöschen. Neben die Friedensfrage – und in gewisser Weise als Teil von ihr – kommt heute die Frage nach der Überwindung des Hungers, also nach der Brotgerechtigkeit und nach ökologischen Überlebensbedingungen zu stehen.

Denn es ist ist ein anderes dramatisches Problem mit irreversiblem globalem Gefahrenpotential hinzugekommen: die ökologische Weltkrise. Auch hier zeigt sich: Wir sind in Gefahr, durch die Macht unserer technischen und wirtschaftlichen Möglichkeiten den Planeten auf eine irreversible Weise zu zerstören. Die Rede von der »Klimakatastrophe« bedeutet konkret: Die globalen Gemeinschaftsgüter wie Atmosphäre, Ozeane oder Wälder sind durch menschliche Gier und Gewalt bedroht. Der sensible Kreislauf unseres Planeten droht aus den Fugen zu geraten. Wenn es nicht gelingt, den Anstieg der weltweiten Mitteltemperatur zu begrenzen, den Ausstoß an Kohlendioxyd, die Verbrennung von Kohle, Öl und Gas zu vermindern und in der zweiten Hälfte des 21. Jahrhunderts drastisch zu reduzieren, sind die Lebensgrundlagen auf unserer Erde definitiv gefährdet – auch zu Lasten der Armen und auf Kosten künftiger Generationen. Schon heute leiden die Menschen in China und Indien, vor allem die Kinder, unter der Luftverschmutzung. Wissenschaftler sagen: Die begrenzte Aufnahmefähigkeit der Atmosphäre ist eine der fundamentalsten Probleme, die wir erkennen und akzeptieren müssen. Die Wirtschaftssysteme wollen auf Grund ihrer immanenten Logik diese Grenzen nicht erkennen. Der Markt aber wird es nicht von sich aus regeln. Papst Franziskus hat in seiner Enzyklika auf die fundamentale Wahrheit hingewiesen: auf uns kommt es an. Wir sind verantwortlich, dass eine neue Richtung eingeschlagen wird. Verantwortung heißt: Antwort zu geben auf die beschriebene Situation.

Heute sollen und können Kirchen und Christen vereint zu Promotoren einer neuen Weltverantwortung werden. Voraussetzung ist, dass wir umkehren, uns zu unserer Mitschuld an den Fehlentwicklungen bekennen, die Herausforderung annehmen und uns nicht mehr durch Probleme zwischenkirchlicher Konsensfindung behindern lassen.

Ich denke zurück: Wir Christen aus der DDR haben im April 1989 in der »Ökumenischen Versammlung für Gerechtigkeit, Frieden und Bewahrung der Schöpfung« die Forderung festgehalten, ein neues Verhältnis zur Armut anderer wie zum eigenen Reichtum, zur Mitwelt und zum Machtgebrauch zu finden. So formulierten wir damals: »Wenn gegen alles Gerechtigkeitsempfinden in unserer Welt Millionen Menschen in Armut zugrunde gehen und gegen alles vernünftige Lebensinteresse unsere Mitwelt zerstörerisch ausgebeutet wird, so liegt das an der Vergötzung von Wohlstand und Wirtschaftsmacht und des sie garantierenden Wirtschafts- und Industriesystems, das uns gefangennimmt. Die allenthalben aufsteigende Sinnfrage zeigt diese Dimension der Krise an: unser gesellschaftliches Leben ist von Zukunftsängsten durchsetzt. Die Abschreckungssicherheit macht uns immer unsicherer. Die Steigerung von Konsum und Produktion verschärft nur die Sinnfrage. In der immer mehr durchrationalisierten Welt werden immer gefährlichere Irrationalismen produziert. Das sind Zeichen der Zeit, die uns im Licht des Wortes Jesu sagen, dass Umkehr an der Zeit ist. Die Katastrophe ist da, wenn alles so weitergeht. *Umkehr ist unsere einzige Chance.* Auch wir Christen lassen infolge unseres Reichtums ungezählte Menschen in wirtschaftlicher Armut und Ohnmacht zugrundegehen und trennen uns damit von dem Gott der Armen.« (Ein besonderer Inspirator war uns der Erfurter Propst Dr. Heino Falcke.)

Ganz in Übereinstimmung mit der Schöpfungsenzyklika von Papst Franziskus 2015 formulierten wir 1989 in ökumenischer Gemeinsamkeit diesen Bezug: »Im Noah-Bund wahrt Gott den Schöpfungsfrieden unter den Bedingungen der in die Schöpfung eingebrochenen Gewalt, indem er einen Bund mit allem Lebendigen schließt, für die fragliche Zukunft der Schöpfung einsteht und den Dienst am Weitergehen des Lebens verbindlich macht (Gen 9). Die prophetischen Verheißungen weisen darüber hinaus zur Vollendung der Schöpfung in der Heilung ihrer Konflikte und der Fülle des Lebens (Jes 11,5-9; 32,15-20; Hos 2,20 ff; 14,2 ff).«

Was wir im Umbruchjahr 1989 in ökumenischer Eintracht und Einsicht festgehalten haben, ist dem sehr nahe, was Papst Franziskus in den Mittelpunkt seiner theologischen Überlegungen in »Evangelii Gaudium« stellte, als er den Wert der

Barmherzigkeit im Sinne des Franz von Assisi betonte. Unser Oikos braucht eine neue Ökumene und eine hellsichtige Kirche – bauend auf viele Traditionen, lebendig auf allen Ebenen. »Die Menschheit, die sich in ihrer Entwicklung von der Übermacht der Natur emanzipiert und sich Mitgeschöpfe dienstbar machen musste, hat sich die Natur so weitgehend unterworfen, dass jetzt die Mitgeschöpfe von der Barmherzigkeit des Menschen abhängen. Verringerung der Gewalt, schonende Technik, Sparsamkeit im Verbrauch von Ressourcen sind um des gemeinsamen Überlebens willen geboten.« (Ökumenische Versammlung für Gerechtigkeit, Frieden und Bewahrung der Schöpfung, Berlin 1990, S. 45f.)

Christen überall auf der Welt – jenseits unserer ererbten theologischen Unterschiede oder historisch gewachsenen Traditionen – haben geradezu die Verpflichtung, einen ökumenischen Friedensdienst zum Wohle aller Menschen und für das Gedeihen der Schöpfung zu leisten. Wir haben diese Welt als Lehen bekommen, und »die erste Pflicht« ist die Freude über diese Welt und die Schöpfung insgesamt. So hatte der heilige Franziskus (damals durchaus im Konflikt mit dem Papst in Rom) in seinem »Sonnengesang« auch die Natur geschwisterlich gepriesen. Wo der Mensch sich einordnet in die ausbalancierten Lebenskreisläufe, kann er Mitmensch und Mitkreatur werden, sofern er die Maxime Albert Schweitzers berücksichtigt: »Ich bin Leben, das leben will, mitten unter Leben, das leben will.«

Der Mensch hat sich nach einem solchen Verständnis zu bescheiden, was nicht identisch ist mit Glücksverzicht. Dem extensiven Leben ist vielmehr ein intensives entgegenzusetzen. In der Entfaltung der Spiritualität des Menschen ist der besondere Reichtum des Lebens zu entdecken, statt in der Ideologie des »Immer schneller, höher, mehr, weiter, größer« zu verharren. Eine kluge Selbstbegrenzung steht an. Schließlich ist »die Erde […] des Herrn und was darinnen ist.« (Ps 24)

Alles Nichtmenschliche sei eine der Herrschaft unterwerfbare res extensa, meinte Descartes, nicht ahnend, was er damit auslöste, ja anrichtete. Wie anders begegnet mir meine kleine Welt, in der ich sehe, höre, staune über die so eleganten wie flüchtig-schnellen Schwalben, die am Abend singend an meinem Balkon vorbeijagen. Zwei Turmfalken umflattern den mächtigen romanischen Kirchturm in Werben an der Elbe, und das von der Sonne gewärmte Braunrot der Mönch- und Nonnendachziegel des riesigen gotischen Kirchenschiffes strahlt leuchtend Wärme aus. Die jungen und die alten Störche sitzen auf dem First und klappern und klappern und klappern. »Meine« Spatzen stimmen im Sommer allabendlich ihr Konzert an, während sie im dichten wilden Wein am Westgiebel meines Häuschens ihre sichere Nachtruhe vor den räuberischen Katzen gefunden haben. Sie bangen um ihre Jungen, die bei ihren Flugversuchen jenen verwilderten Hauskatzen begegnen, die zu Hunderten in der Natur unterwegs sind. Und meine Sonnenblumen drehen sich im Tageslauf.

Wie sollten Christen, die aus dem Bewusstsein geschenkten Daseins leben, nicht der angeschauten und mit allen Sinnen erfahrenen Welt ihren Tribut zollen? Wie nicht erstaunt, erschüttert, begeistert sein? Wie sollten Christen des 21. Jahrhunderts unsere Unterschiede im Einzelnen weiterhin wichtiger nehmen als die Verbundenheit im Ganzen?

Noch ist Zeit. Aber sie wird zur Frist, wenn es nicht überall zu einem entschiedenen Umsteuern kommt.

Es ist noch nichts entschieden

Ist unsere Erde noch zu retten? Es ist noch nicht entschieden.
Ich setze auf die Utopie des Vielleicht.

»Wie schön war die Stadt Ninive« war der Titel einer gereimten
Version des Buches Jona von Klaus-Peter Hertzsch. Darin hieß
es:

Ihr sollt in Häusern und in Hütten
Den Herrn um sein Erbarmen bitten.
Vielleicht ist es noch nicht zu spät,
dass unsre Stadt nicht untergeht.

Das geht mir nach. Das Vielleicht hält angesichts der drohen-
den Katastrophe eine Tür der Hoffnung auf, und sei es nur eine
kleine. Das Unheil muss nicht zwangsläufig über uns kommen.
Noch besteht die Chance einer notwendenden Umkehr. Das
Noch flankiert das Vielleicht – und es wird 2016 gesprochen
nach dem sehnlich erwarteten Abschluss der Weltklimakonfe-
renz in Paris im Dezember 2015, nachdem alle vorhergehen-
den Konferenzen gescheitert waren.

Doch das Millenniumsziel der UNO von 2000 – die Halbie-
rung von Armut und Hunger, Grundschulbildung für alle,
Senkung der Kindersterblichkeit bis Ende 2015 – ist auch im
Jahre 2016 noch nicht erreicht. Genau wahrzunehmen, was ist,
ist eine Voraussetzung dafür, zu erkennen, was sein kann.
Doch das Faktische ist nicht alles. Möglicherweise ist die zeit-
gemäße, weil bescheidenere Form der Utopie das Vielleicht:
Vielleicht gibt es noch eine Chance. Der heidnische König von
Ninive fragt bei vorausgesagter und vorauszusehender Katas-
trophe vorsichtig: »Wer weiß? Vielleicht lässt Gott es sich

gereuen und wendet sich ab von seinem grimmigen Zorn, dass wir nicht verderben.« (Jona 3,9)

Alles Voll- und Großmundige der Hoffnung ist uns vergangen mit dem Scheitern des Sozialismus, mit der nach Ende der Blockkonfrontation ausgebliebenen Friedensdividende, mit dem Desaster der Weltarmutskonferenz der UNO in Rom, mit der Mauer der Aussichtslosigkeit durch das Heilige Land, mitten durch die interreligiöse Hoffnungsstadt Jerusalem. Und doch: In unseren alltäglichen Erfahrungen begegnen uns Sätze wie diese: »Vielleicht kommt er doch noch zurück. Vielleicht kommt sie noch rechtzeitig zur Einsicht. Vielleicht ist noch nicht alles ein für allemal entschieden. Vielleicht gibt es Gott, einen Gott, der uns gut ist.«

»Vielleicht« zu sagen, ist viel weniger als »Ich bin sicher« und es ist viel mehr als »Es ist schon alles gelaufen«. Das Vielleicht bricht den Kreislauf des erbarmungslos Faktischen, der eisernen Notwendigkeiten, der unbeeindruckbaren Kausalitäten auf.

Visionen sind uns fast ganz ausgegangen. Noch geht es uns hier ganz gut. Die Rede vom »Ende der Geschichte« bekommt heute einen ganz anderen Sinn als Francis Fukuyama es 1990 vorausgesagt hatte.

Da ist das ernüchtert-realistische, bescheidene, motivierende und aktivierende Vielleicht, das Menschen *nicht* einfach abwarten lässt und somit selbst das böse Ende *nicht* festschreibt. Am Vielleicht der Hoffnung können wir gegen alle guten Gründe des Aus-und-vorbei-Sagens festhalten.

Es sind diese zwei Grundhaltungen zur Wirklichkeit, die Martin Buber in einer seiner vielsagenden chassidischen Erzählungen aufeinandertreffen lässt:

Einer der Aufklärer, ein sehr gelehrter Mann, der vom Berditschewer gehört hatte, suchte ihn auf, um auch mit ihm, wie er's gewohnt war, zu disputieren und seine rückständigen Beweisgründe für die Wahrheit seines Glaubens zuschanden zu machen. Als er die Stube des Zaddiks betrat, sah er ihn mit einem Buch in der Hand in begeistertem Nachdenken auf und nieder gehen. Des Ankömmlings achtete er nicht. Schließlich blieb er stehen, sah ihn flüchtig an und sagte: »Vielleicht ist es aber wahr.« Der Gelehrte nahm vergebens all sein Selbstgefühl zusammen – ihm schlotterten die Knie, so furchtbar war der Zaddik anzusehen, so furchtbar sein schlichter Spruch zu hören. Rabbi Levi Jizchak aber wandte sich ihm nun völlig zu und sprach ihn gelassen an: »Mein Sohn, die Großen der Thora, mit denen du gestritten hast, haben ihre Worte an dich verschwendet, du hast, als du gingst, darüber gelacht. Sie haben dir Gott und sein Reich nicht auf den Tisch legen können, und auch ich kann es nicht. Aber, mein Sohn, bedenke, vielleicht ist es wahr.« Der Aufklärer bot seine innerste Kraft zur Entgegnung auf; aber dieses furchtbare »Vielleicht«, das ihm da Mal um Mal entgegenklang, brach seinen Widerstand.

(Martin Buber, Die Erzählungen der Chassidim, Zürich 1992, S. 363)

Diese Begegnung lehrt uns mehr als eine längere philosophische oder theologische Abhandlung. Sie will einfach gelesen und angenommen werden. Sie deutet sich selbst. Und doch sei's nachbuchstabiert: Der Aufklärer ist voll von Kühle. Er hat gute, scharfsinnige Argumente. Der Zaddik ist voll Leidenschaft und hat nichts als sein »furchtbares Vielleicht«. Das ist die Kraft der Begeisterung, die keine Beweisgründe braucht und deshalb auch weiter reicht als alle Argumente. Der Dialog zwischen diesem rational-nüchtern Fragenden und dem begeistert Schauenden kann produktiv werden. Der Dialog verkommt, wenn der von einem Positiven Begeisterte von den Zynikern des eisigen Realismus verlacht, ja verhöhnt wird.

Das Vielleicht bricht das Eis. Doch nicht so, dass wir einbrechen.

Klar sehen und doch hoffen – das war und das bleibt mein Lebensmotto, bis zum letzten Tage. Vielleicht trägt's.

Vielleicht ist es doch noch nicht zu spät.

Das Erbe des Franziskus:
Singen und Sorgen

Lob des Lebens

Franz von Assisi (1181–1226) war als ein Freund der Natur und der Kreatur ein sozial denkender und handelnder Geistlicher: in sich stimmig, mit sich im Reinen, weil mit Gott im Klaren. Immer neu verwies er darauf, dass die Aufmerksamkeit gegenüber der Schöpfung und gegenüber den Ärmsten und Einsamsten zusammenhängen. Franziskus liebte die Fröhlichkeit, war ein Mystiker und ein Pilger und hat in großer Einfachheit und Harmonie mit Gott, mit den anderen, mit der Natur und mit sich selbst gelebt. Die Sorge um die Natur, die Sorge für mehr Gerechtigkeit gegenüber den Armen und das Engagement für eine Weltgesellschaft, in welcher der innere Friede des Einzelnen mit dem großen Frieden der Welt verbunden bleibt, ist sein unerledigtes Vermächtnis.

Franziskus hat sich zu den Armen heruntergebeugt und hat – zum Himmel aufsehend – unsere Erde in ihrem ganzen Reichtum gepriesen. Er hat gezeigt, wie äußere Armut und innerer Reichtum für den Menschen zusammengehören, der dankbar, demütig und fröhlich ist. Er hat Helfen nicht als eine Pflicht, sondern als eine schöne bereichernde Aufgabe gesehen. Er hat sie alle besungen: den Herrn Bruder Sonne, die Schwestern Mond und Sterne, die Schwester Wasser und den Bruder Feuer, die Mutter Erde und die Schwester Tod. Er konnte auf eine selbstverständliche Weise nicht nur die kreatürliche Vergänglichkeit allgemein, sondern auch den eigenen

Tod in seinen das Leben lobenden Glauben integrieren. Das Sinnbildliche und das alltäglich Notwendige kommen da auf eine glückende Weise zusammen. Brüder und Schwestern werden mit ihrem jeweiligen Lebenswerk beschrieben. Franziskus war nur der erste, der der nichtmenschlichen Welt das Du angeboten hat. Für ihn war Leben Beziehung, auch zwischen Mensch und mit Mit-Geschöpfen.

Die Adjektive in seinem »Sonnengesang« fangen ein, was das Leben schön macht, was nützlich und gedeihlich und in einem tiefen Sinne wertvoll ist: strahlend, klar, kostbar, nützlich, keusch, kraftvoll, stark und selig. Franziskus übersieht keineswegs die Bruchstellen des Lebens, aber er integriert sie in den Verlauf des Lebens und zieht daraus den Schluss:

Lobt und preist meinen Herrn
und dankt ihm und dient ihm in großer Demut.

Das vielleicht für unsere Zeit Wichtigste an dieser Haltung: Er gibt den Dingen ihren Subjektcharakter zurück. Mit allen Geschöpfen versteht er sich als ein Teil der Erde, die den verborgenen Gott offenbart, den zu nennen eigentlich kein Mensch fähig und würdig ist. Vielleicht kommt der Mensch ihm im bildreichen expressiven Gebet und im Lobgesang am ehesten nahe. (In diesem Sinne kommt die Theo-poesie vor die Theo-logie zu stehen, schlug Dorothee Sölle vor.)

Aller Lobpreis kommt aus einer respektvoll-ehrfurchtsvollen inneren Haltung zu den Dingen der Welt. Er wird möglich, wenn der Mensch sich nicht als der herrschende Mittelpunkt von allem begreift. Menschen, Tieren, Bäumen und Blumen, auch das, was einfach nur duftet, gewinnt so seinen Eigenwert.

Wir können das Leben im Ganzen und das Leben ganz bejahen. Wir können mit Dorothee Sölle »vom Baum lernen«. Wir können mit Franz von Assisi den Elementen das Du anbieten und ihretwegen der Schwester Sonne und dem Bruder Mond ein Loblied singen. Wir können Sonnengesänge auch bei Sonnenuntergängen anstimmen. Das Lob des Lebens schenkt Kraft, den Zumutungen und Widerfahrnissen des Lebens entgegenzutreten.

Staunende Ehrfurcht vor dem Leben: Wenn wir solche Naturfrömmigkeit in uns tragen, gehen wir selbstverständlich behutsamer mit der Welt und mit uns selbst um. Wir werden durch den Gebrauch der Sinne reicher, aber müssen dafür unsere Welt, unsere Umgebung nicht ausbeuten. Wir leben, fühlen, hören, sehen. Wir schmecken auch mit den Augen und erkennen das Wunderbare, das Geheimnisreiche dieser Welt. Im Augenblick des intensiven staunenden Schauens der Natur ist die Gottesoffenbarung da: mitten in dieser habsüchtigen Welt, die blind ist für Geheimnisse des Lebens und in der immer nur erworben, ausgebeutet, bekämpft und organisiert werden soll, statt einfach da zu sein und zu staunen.

Freilich setzt dies voraus, dass der, der da staunt, ein Dach über dem Kopf hat und frisches sauberes Wasser, ein knuspriges Brot und eine sinnerfüllte Arbeit in einer ihn auffangenden, ihn würdigenden, tröstenden, herausfordernden, ermutigenden Gemeinschaft. Menschsein erfüllt sich im Mitmenschsein. Lebensglück in diesem Sinne wird zum Sinnenglück und schenkt Sinn.

Über allem und in allem gilt: Nichts ist selbstverständlich. Das Leben nicht, die Gesundheit, unsere Begabungen, unser materiell und und geistig erfreulicher Lebensort nicht, auch nicht die uns zugekommene Lebenszeit.

Ein solcher Mensch wird dankbarer und und deshalb weniger anspruchsvoll. Er fühlt sich bereichert und behält diejenigen im Blick, denen es »nicht so gut« oder ganz schlecht geht. Er weiß nicht nur um die Vergänglichkeit, sondern auch darum, dass jede ihm/ihr gegebene Zeit auszufüllen und auszukosten ist. Wer von Herzen fröhlich lachen – und sein! – kann, wird auch weinen können über den Verlust. Wieder und wieder kommen mir Zeilen aus Ingeborg Bachmanns Sonnengedicht in den Sinn:

> Schöner als der beachtliche Mond und sein geadeltes Licht,
> Schöner als die Sterne, die berühmten Orden der Nacht,
> Viel schöner als der feurige Auftritt eines Kometen
> Und zu weit Schönerem berufen als jedes andere Gestirn,
> Weil dein und mein Leben jeden Tag an ihr hängt,
> Ist die Sonne.
>
> (Ingeborg Bachmann, Gedichte, Berlin 1966, S. 85f.)

Für Ingeborg Bachmann gibt es nichts Schöneres unter der Sonne als unter der Sonne zu sein.

Und es ist die reiche Gesangstradition der christlichen Kirchen, die das Innerste des Menschen auszudrücken vermag. So dichtete Gerhard Tersteegen:

> Gott ist gegenwärtig. Lasset uns anbeten
> und in Ehrfurcht vor ihn treten.

Wer aus vollem Herzen, zusammen mit vielen anderen Kehlen, die beim Singen das Innerste nach Außen bringen, mitsingt, geht anders von dannen als er gekommen ist.

Nun jauchzt dem Herren, alle Welt!
Kommt her, zu seinem Dienst euch stellt,
kommt mit Frohlocken, säumet nicht,
kommt vor sein heilig Angesicht.

Dieses Lied nimmt den Lobpsalm 100 auf. (EG 288,1) Und David Denicke hat im 5. Vers dieses Liedes aus dem Jahre 1746 die vornehmliche Aufgabe von Christen in einer Selbstermahnung benannt:

Dankt unserm Gott, lobsinget ihm,
rühmt seinen Namen mit lauter Stimm;
lobsingt und danket allesamt!
Gott loben, das ist unser Amt. (EG 288,5)

Wenn wir es verstehen, das Leben selbst mit glücklichen Augen zu sehen, ohne das Schwere zu übersehen, entdecken wir leichter den ganzen Reichtum, aus dem wir leben: in unserem Lande, mit unserer Bildung und Kultur, mit unserer Sozial-Gesetzgebung, mit unserer Rechtsprechung und unserem Gesundheitssystem, mit unserer Kinder-, Kranken- und Altenbetreuung ... unser Leben in Frieden, mit dem sauberen, ohne Angst trinkbaren Wasser, mit heilen Dächern und warmen Stuben, vor den Kulissen schöner Innenstädte, anspruchsvoller und gut unterhaltender Radiosender, mit der weithin gelingenden demokratischen Streitkultur und der politischen Wachheit unserer Gesellschaft, wenn ihre Grundlagen angetastet werden. Dass die Würde des Menschen unantastbar ist und deshalb auch unantastbar bleiben soll, ist weithin – leider immer wieder auch gleichgültig hingenommenes – Gemeingut geworden. Unzufriedenheit meldet sich häufig auf ziemlich hohem Niveau. Trotzdem: soziale Ungerechtigkeit braucht mehr Anwälte für Arme und Abgehängte. Nichts ist selbstverständlich. Auch wer ganz zufrieden sein kann, wird die Defizite nicht übersehen, übergehen und kleinreden, die Kinderarmut und die Altersarmut nicht, die Schere zwischen Armen und Reichen nicht, auch nicht die Hartherzigkeit von Beziehungen, in denen es nur noch um Geld geht und die Gier vorherrscht, die alles frisst – ganz zu schweigen von neuen Rüstungsspiralen, von Terrorismus und Bürgerkriegen.

Und doch dürfen wir nicht unentwegt »auf die Wasserstandsmeldungen der Sintflut« starren; vielmehr sollten wir auch spüren, wie gut es ist, dankbar und zufrieden zu sein. Wie gut es tut und wie das noch gesteigert wird, wo Hilfe Glück ist und Glück Hilfe. Wem das Loben stets *vor* dem Klagen auf der Zunge liegt, der lebt intensiver, sieht klarer, und er wird aufmerksamer. Er bleibt bescheidener im Materiellen und wird die permanente innere Unruhe abstreifen. Er wird den Überschuss suchen, den das Leben anbietet, den Überschuss, der sich auftut in der Musik, im Gedicht und im Theater, in unseren schönen Kirchen oder auch in einer Ausstellung auf der Berliner Museumsinsel.

Darum geht es also: Das Lob des Lebens anstimmen. Jeden Morgen, angesichts des neuen Tages. Auch am Abend, angesichts des Unerledigten oder Misslungenen. Aus Liebe zum Leben und in existenzieller Besorgnis um das Leben, im Einzelnen wie im Ganzen. Beim Lob das Überschwängliche, das wunderbar Unfassbare, das Schöne, das Schmackhafte, das Erhebende, das Kreative, alles zu Herzen Gehende sowie alles die Vernunft Erleuchtende in den Blick nehmen. Sich nicht von der Sorge bestimmen lassen, sondern von der Fürsorge, nicht von der Angst, sondern vom Vertrauen, nicht vom Scheitern, sondern vom Gelingen, nicht von der Bitternis, sondern vom

Bekömmlichen, nicht von der Katastrophe, sondern vom Glückenden. Nicht fasziniert von der Magie des Todes, sondern angesteckt von der Magie des Lebens. Hermann Hesse verdichtet das: »Zum Erstaunen bin ich da«.

Unsere Welt retten zu wollen – ist das vermessen? Nein, wir brauchen nur so viel zu tun, wie in unserer Macht liegt. Aber das, was in unserer Macht liegt, um den Schutz unserer Lebensgrundlagen ebenso wie den Schutz alles Einzelnen zu sichern, müssen wir selber tun. Die Globalisierung kommt bei uns als menschliches, logistisches, ökonomisches, kulturelles oder religiöses Problem an. Dieses »Problem« aber sind Menschen auf der Flucht, Menschen aus verzweifelten Lebenszusammenhängen, die sich in unserer westlichen Welt Lebenshoffnung und Lebenssicherheit versprechen. Das macht vielen Angst, Angst vor Fremdem und Angst vor eigenen Nachteilen.

Wir brauchen aber beides, nüchterne Hoffnung und Anteil nehmende Sorge. Wenn wir nicht hoffen, werden wir von der Angst gelähmt werden. Wenn wir nur hoffen, nehmen wir alles hin, ohne das Unsere zu tun. Gefahren sind nicht zu ignorieren und unsere Kräfte nicht zu überschätzen. Hoffnung erweitert den Horizont. Sie erneuert den erfreulichen Blick auf eine Welt, die sich verdüstert und doch wieder aufhellt. Wir sitzen an einem Tisch, an dem wir über Wünsche, Hoffnungen, Gefahren, Ängste miteinander reden – ohne Selbstüberschätzung und ohne Scheu.

Wer den bestürzenden Introitus aus Psalm 8 zu Beginn der Johannespassion hört und im Inneren nicht mitschwingt, der ist arm dran. Es sind die ganz einfachen Tätigkeiten des Lebens, die zum Loben Anlass geben und den Reichtum des

Lebens ausmachen, wo Lebenssinn und Sinnlichkeit zusammentreffen: im genießenden Erleben all unserer Sinne, in der Erfahrung einer gelingenden Beziehung zur Welt und zueinander.

Das Leben zu loben, ist ein ganz alltäglicher Vorgang für jeden, der das Alltägliche nicht als das jeweilig Routinierte anzusehen versteht: In der Kathedrale schweigen und im Garten dem Konzert der Vögel lauschen. Die Kartoffel pellen. Die Zwiebel häuten. Dem Fohlen auf der flachen Hand ein Zuckerstückchen hinhalten und ihm den Hals streicheln. Im Chor singen. Das Brot brechen. Den Wein teilen. Das Feuer entzünden. Den Kuss spüren. Den Flieder riechen. Einen Augenblick lang glücklich sein. Die Geliebte selbstvergessen umarmen. Sich dem Ostseewellengang entgegenwerfen. In die Pedale treten. Im Gegenwind wandern. Die Augen schweifen lassen. Im Gras liegen. Im Fluss schwimmen. Die Katze kraulen. Das Kind wiegen. Michelangelo und Van Gogh begegnen, Ernst Barlach und Frieda Kahlo bestaunen. Im Taizè-Gottesdienst auf der Erde sitzend »Laudate omnes gentes« singen, noch einmal und noch einmal und noch einmal.

Loben muss man nicht lernen. Aber üben. Loben kann man bisweilen selbst für das Wenige, das man – bei Krankheit oder im hohen Alter – trotzdem noch kann oder hat. Wer lobt, muss auch und darf auch klagen. Denn wer lobsingt, kann durch erschütterten und erschütternden Klagegesang hindurch zu neuem, kräftigendem Lebensmut gelangen.

Die Bibel zeigt genau dies: Der von Selbstzweifeln, Einsamkeit, Vergeblichkeit geplagte, Zynikern und Spöttern ausgelieferte Beter des Psalms 73 stellt sich dem bedrückenden Gefühl des Umsonst. Er schließt mit einem »Dennoch«:

Dennoch bleibe ich stets an dir;
denn du hältst mich bei meiner rechten Hand,
du leitest mich nach deinem Rat
und nimmst mich am Ende mit Ehren an.
Wenn ich nur dich habe, so frage ich nichts nach Himmel
und Erde.

(Ps 73,23–25)

Selbst der markerschütternde Psalm 22, der sogenannte Klage-schrei des Warum des Jesus am Kreuz, bleibt nicht ohne Zuver-sicht:

Die Elenden sollen essen, dass sie satt werden;
und die nach dem HERRN fragen, werden ihn preisen;
euer Herz soll ewiglich leben.

(Ps 22,27)

Lob der Sonne

Die Himmel erzählen die Ehre Gottes,
und die Feste verkündigt seiner Hände Werk.
Ein Tag sagt's dem andern,
und eine Nacht tut's kund der andern,
ohne Sprache und ohne Worte;
unhörbar ist ihre Stimme.
Ihr Schall geht aus in alle Lande
und ihr Reden bis an die Enden der Welt.
Er hat der Sonne ein Zelt am Himmel gemacht;
sie geht heraus wie ein Bräutigam aus seiner Kammer
und freut sich wie ein Held, zu laufen ihre Bahn.
Sie geht auf an einem Ende des Himmels
und läuft um bis wieder an sein Ende,
und nichts bleibt vor ihrer Glut verborgen.

Der Psalm 19 gehört zu den schönsten poetischen Liedern aus unserem Psalmenbuch. Franz von Assisi steht mit seinem »Sonnengesang« in dieser Tradition:

Gelobt seist Du, Herr,
samt allen Deinen Werken,
doch in besonderem Maß durch Schwester Sonne.
Auf uns herab lässt Du sie täglich scheinen.
Wie schön ist sie; sie strahlt mit großem Glanze.
Vor Dir, o Höchster, hat sie ihren Sinn.
(Übersetzung von Johannes H. E. Koch)

Die ganze Schöpfung ist eine einzige Erzählung. Und die Sonne steht in besonderem Maß für ihr Strahlen. Sie hilft dem Menschen zur Welt- und Selbsterkenntnis. Sie wird in all ihrer

Erhabenheit, ihrer Schönheit, ihren Geheimnissen Teil unseres Lebensglücks.

Der Mensch schaut sie an, ist überwältigt. Mond und Sterne und Sonne, Erde und Himmel erzählen. Ohne Worte. Ein der Welt in ihrem ganzen Reichtum, mit allen seinen Sinnen zugewandter Mensch bekommt offene Ohren für das, was ihm die Schöpfung mit einer wunderbaren Ordnung erzählt.

Die Schöpfung spricht. Sie spricht auch im Schweigen. Sie singt und säuselt. Sie knarrt und ächzt, sie wächst unmerklich, aber stetig, blüht auf und verdorrt. Blüht wieder auf, herzzerreißend schön. Sie ist auch ganz still, schenkt Stille, eine berauschende Stille. Und sie tost und tobt, stürmt und braust, donnert und kracht. Sie verweist uns auf unsere Verletzlichkeit und lässt uns erschaudern: im Staunen und im Erschüttertsein. Hören, Schauen, Schmecken, Tasten. Eintauchen, Einswerden. Über allem ist die Sonne, die Lebensspenderin, die ihrem ihr vorgegebenen Lauf folgt, die jeden Morgen verlässlich wiederkommt, auch wenn sie »nicht jeden Tag scheint« – im wörtlichen wie im übertragenen Sinne.

Einem Bräutigam gleicht die Sonne. Ist unsere Erde ihre Braut?

Sie erscheint wie ein Held am Firmament, ein Held, der etwas Unglaubliches geschaffen hat und schafft. Leben. Wachstum. Vor allem: Licht. Energie. Durch die Sonne sehen wir Farben und sie ist es, die uns erwärmt.

Gleichgesetzt wird sie in der jüdischen Tradition mit der Thora, mit der Weisung Gottes, die ebenso wunderbar, lebensspendend wirkt, verlässliche Ordnung zugunsten aller schaffend.

Wer die Wunder der Schöpfung und vor allem unsere Sonne so besingen kann, wird im Innersten erfüllt von den Wundern des Lebens und ist im einfachen Erleben, Betrachten, Beschreiben reich geworden, ohne solchen Reichtum zu zählen, zu wägen, äußerlich vermehren zu müssen. *Die* Himmel erzählen die Ehre Gottes. Nicht nur *der* Himmel. Wir erleben die Himmel: den finsteren Himmel, den strahlenden Himmel, den verdüsterten Himmel, den bedrohlichen Himmel, den verhangenen Himmel, den erleuchteten und erleuchtenden Himmel. Das Himmellicht. Dessen Heraufkommen am frühen Morgen, das Versinken am Abend mit dem unfassbaren Farbenreichtum der beschienenen Wolkenfelder, vor allem am Meer oder an einem See. Wenn die Sonne durchkommt, zu uns durchkommt, ist es immer wieder wie ein erster Schöpfungstag, vor allem dann, wenn sie sich lange nicht gezeigt hatte.

»Nichts Schönres unter der Sonne, als unter der Sonne zu sein« dichtet Ingeborg Bachmann in ihrem Sonnengesang. Nicht von Ungefähr knüpft sie an Friedrich Schiller an. »An die Sonne« titeln beide ihr Preislied:

> Preis dir, die du dorten heraufstrahlst, Tochter des Himmels!
> Preis dem lieblichen Glanz
> Deines Lächelns, der alles begrüßet und alles erfreuet!
> Trüb in Schauern und Nacht
> Stand begraben die prächtige Schöpfung: tot war die Schönheit
> Lang dem lechzenden Blick:
> Aber liebevoll stiegst du früh aus dem rosigen Schoße
> Deiner Wolken empor,
> Wecktest uns auf die Morgenröte; und freundlich
> Schimmert diese herfür […]

Im Psalm 104 wird dieser Gedanke vom Kreislauf der Sonne (damals war man überzeugt, die Erde sei der Mittelpunkt des Weltalls) so aufgenommen, dass die Strukturierung des Lebens durch den Rhythmus von Tag und Nacht erfolgt.

Du hast den Mond gemacht,
das Jahr danach zu teilen;
die Sonne weiß ihren Niedergang.
Du machst Finsternis, dass es Nacht wird;
da regen sich alle wilden Tiere,
die jungen Löwen, die da brüllen nach Raub
und ihre Speise suchen von Gott.
Wenn aber die Sonne aufgeht, heben sie sich davon
und legen sich in ihre Höhlen.
So geht dann der Mensch aus an seine Arbeit
und an sein Werk bis an den Abend.
HERR, wie sind deine Werke so groß und viel!
Du hast sie alle weise geordnet,
und die Erde ist voll deiner Güter.

Ja, das sollten wir Menschen zu unseren eigenen Gunsten nie vergessen: die Wunder der Schöpfung zu preisen, *nicht aufzu-hören, uns zu wundern, wie die Welt voller Wunder ist*. Auch wenn wir uns mehr und mehr erklären können, also die obwaltenden Gesetze erkennen und sie für uns ausnutzen – so bleibt doch das geheimnisvoll Bewundernswerte.

Wer staunend und dankbar die Schöpfung ansieht und erlebt, wird Ehrfurcht vor dem Leben haben. Und aus solcher Haltung werden wir nicht zu Beherrschern der Welt werden wollen, sondern uns in ihre Kreisläufe so einfügen, dass auch das, was wir hinterlassen, von der Natur auf natürliche Weise gefahrlos in den Lebenskreislauf zurückgenommen wird und sich im besten Falle regeneriert.

Wahrnehmen der Welt heißt: Nichts selbstverständlich nehmen! Waldesstille und Wasserfallrauschen, Eichelhähergeschrei und Vogelgezwitscher, Wellenrauschen und Luftgesäusel. Und der Mensch – begeistert vom Paradiesischen der Natur – begreift seine Mitverantwortung als einer, der die Fähigkeit hat, Naturgesetze zu erkennen. Durch die Kenntnis der Naturgesetze ist er der Natur nicht schutzlos ausgeliefert. Er kann sie vielmehr sich zunutze machen. Er schafft sich Instrumente, mit denen er über die Natur herrschen kann – bis zur Perversion, wenn er alles instrumentalisieren kann, alles auch vernichten zu können. Die Materia wird ihm zum bloßen Material. Sie wird buchstäblich ver-braucht.

Wenn wir die von Albert Schweitzer erkannte und gedeutete »Ehrfurcht vor dem Leben«, vor *allem* Leben, nicht in uns aufnehmen und im praktischen Verhalten wirksam machen, dann wird »der Garten Welt« zur Wüste der Verheerung. Schauen wir auf das vom rigorosen Goldschürfen zerwühlte Namibia, auf die weitflächig vergifteten, nun von den Konzernen verlassenen Erdölfelder Nigerias. Riesige ölverseuchte Areale! Was wird, wenn die Urwälder Brasiliens und Ecuadors weiter abgeholzt oder brandgerodet werden?

Wer in Ehrfurcht vor dem Leben lebt, wird erkennen, wie verletzlich diese Erde ist, was daran *irreparabel* erscheint oder was als Umweltkatastrophe, als Folge gewissenloser Ausbeutung des ganzen Lebens auf uns zukommt. Die Bewohner einiger ozeanischer Inseln bangen bereits um ihre Existenz und sie können nicht ausweichen, ihr Lebensraum geht für immer unter. Flutopfer in Europa finden immerhin bald wieder Boden unter den Füßen.

Voraussetzung für Verantwortungsübernahme scheint mir nicht die besondere *Sorge um die Welt* zu sein, sondern eher das *Staunen über die Welt*, das Sich-Wundern über die Wunder, das Nicht-fassen-Können des Reichtums, den das Leben bereithält. Wer die Schöpfung mit allen ihren Geschöpfen liebt, der wird nicht gleichgültig bleiben, sondern sich zornig erschüttert anrühren lassen von ihrer Verwüstung. Wir sollten also nicht achselzuckend hinnehmen, wie lang die rote Liste gefährdeter oder verschwindender Arten ist. Und wir sollten aufmerksam und bewusst wahrnehmen: Was wird aus unserem Boden, wenn wir unter der Überschrift der hoch subventionierten, sogenannten regenerierbaren Rohstoff- und Energieträger unser Land und seinen Mutterboden durch Monokulturen verderben? Sollte die alte Regel, die sich jahrtausendelang bewährt hat, von der Fruchtfolge zugunsten des Bodens nicht mehr gelten – einschließlich des »Sabbat-Jahres« für den Mutterboden?

Der Mutterboden braucht Wasser (Regen bringt Segen!) und die Photosynthese durch das Licht, durch das Sonnenlicht. Ohne Licht und ohne Regenwasser kein Leben. Die Wüsten wachsen, wo die Sonne brennt und die Dürre zerstörerisch wird. Zugleich kann die Sonnenenergie entscheidend zur Lösung unserer weltweiten Energieprobleme beitragen.

Die Energie der Sonne steht fast überall zur Verfügung: Sanfte Energie. Starke Energie. Umweltneutrale Energie. Hermann Scheer sprach von der »solaren Weltwirtschaft« und hat eine – bisher zu wenig gehörte – »Strategie für die ökologische Moderne« entwickelt. (1999) Sein Buch schließt mit einem zukunftsweisenden Résumé: »Die Weltgesellschaft bleibt, indem sie die sichtbare Hand der Sonne ergreift und mit erneuerbaren Ressourcen wirtschaftet, in Bodennähe, und ihre Mitglieder begegnen sich in einer freieren und gerechteren

Umwelt. Aus dem Reichtum weniger – einzelner Menschen, Unternehmen oder Gesellschaften – wird zunehmend ein Reichtum aller, gerechter und breiter verteilt; geschaffen durch eine von Menschen statt von Bürokratien initiierte wirtschaftliche Entwicklung, die sich mit den solaren Ressourcen neu begründet.« (Hermann Scheer, Solare Weltwirtschaft. Strategie für die ökologische Moderne, München 1999, S. 329)

Demgegenüber setzt man auf das hochproblematische – von geschäftsmäßig Interessierten für ungefährlich erklärte – Fracking. Und die Ressourcen der Erde werden allüberall ausgepowert.

Unsere Mitgeschöpfe leiden mehr und mehr unter unserer Herrschaft, die wir gegen sie ausüben, wo sie uns schädlich erscheinen, oder die wir auf Teufel komm raus ausnützen, wo immer wir kurzfristig einen *materiellen Nutzen* daraus schlagen können. Die Welt gehört nicht uns. Wir sind Nutznießer und Verantwortliche auf dieser Erde, auch für zukünftige Generationen.

Und auch das sollte uns bewusst sein: Schweine, Rinder, Puten, Hühner in den industriellen Zuchtanstalten bekommen nie das Sonnenlicht zu sehen. Aber die Schweine, die wir schlachten und verzehren, sollten zuvor »fröhlich« gegrunzt, im Modder gewühlt, im Freien gelegen haben können – also etwas vom Leben unter der Sonne gehabt haben, und die Hühner, deren Eier wir essen, sollten »glückliche Hühner« sein. Es muss uns anrühren zu sehen, unter welchen erbarmungslosen Bedingungen heute die Hühner und Puten in Großmastanlagen gezüchtet, wie ein empfindungsloses Material behandelt und nicht als Mitgeschöpfe gewürdigt werden. Früher nannte man Tiere nicht umsonst »Haus«-Tiere.

Erinnern wir uns an das, was Albert Schweitzer 1961 gefragt und festgehalten hat: »ob unser Mitempfinden nur mit den Mitmenschen oder nicht auch mit allen Geschöpfen zu tun hat. Deren Dasein ist ja wie das unsere. Sie ängstigen sich wie wir, sie leiden wie wir.«

Und auch auf Franz von Assisi sei nochmals verwiesen, der die Barmherzigkeit auch für die Tiere gelten ließ. Die Tiere waren auch für ihn Mitgeschöpfe, mit denen er sich ohne Worte unterhielt und denen er Liebe entgegenbrachte. Auch für ihn ist ökologisches Denken also zugleich ein soziales. Solche Haltung reicht bis ins Innerste und will das Äußerste: Leben erhalten. Leben preisen. Und alle Kreatur am Glück des Lebens teilhaben lassen.

Und schließlich sei an Goethe erinnert. Er schrieb in seiner »Farbenlehre«:

Wär' nicht das Auge sonnenhaft,
die Sonne könnt' es nie erblicken;
Läg' nicht in uns des Gottes eigene Kraft,
Wie könnt' uns Göttliches entzücken?

Wenn wir täglich und aus diesem Geist einen Sonnengesang anstimmen, wird sinnliche Erfahrung zu göttlicher Erkenntnis. Und darum geht es immer wieder: Einen Sonnengesang anstimmen, wo Wüsten wachsen.

Lob der Erde

Ach, wie beglückend, barfuß über eine große feuchte Morgenwiese zu laufen.

Ach, wie bestaunenswert die drei Meter hohe Sonnenblume in meinem Stückchen Garten, in meinem Stückchen Paradies auf Erden in Werben an der Elbe. Da hat auch »Unkraut« Platz. Da duftet die Erde nach dem Regen. Da tummeln sich Amsel, Drossel, Fink und Star. Da melden sich Igel und Maulwurf.

Ach, wie bedrückend, so viele von extremer Trockenheit zerrissene Böden auf der Welt sehen zu müssen.

Die Bibel hält uns die beiden Seiten der Wahrheit vor Augen, und sie erinnert uns: Von Erde bist du genommen. Zu Erde sollst du wieder werden.

Und der junge Bert Brecht bindet ohne Resignation die Erdenfreude zusammen:

> Fast ein jeder hat die Welt geliebt,
> wenn man ihm zwei Hände Erde gibt.

Welch eine Weisheit, welch eine Klarheit, welch eine Poesie im zweiten Schöpfungsbericht der Bibel. Weisungen für das Paradies. Grenzen in Freiheit respektieren. Wissen um Schuld, um Schmerz, um Wüste in uns und um uns.

Da machte Gott der HERR den Menschen aus Erde vom Acker und blies ihm den Odem des Lebens in seine Nase. […] Und Gott der HERR nahm den Menschen und setzte ihn in den Garten Eden, dass er ihn bebaute und bewahrte. (Gen 2,7.15)

So ist es, so war es: Adam, der Mensch, stammt aus der Adama, der Erde. Wir alle stammen ab von Adam, der aus der Erde gekommen ist, ein Erdkloß mit dem »Odem des Lebens«, der wieder zur Erde werden wird. Der *homo*, der Mensch, stammt aus dem *humus*, der Erde. *Humanitas*, Menschlichkeit, und *humilitas*, Demut, haben einen weit zurückreichenden Ursprung. Menschlichkeit ist Mitkreatürlichkeit – aus dem Humus, aus dem wir kommen, von dem wir leben, zu dem wir wieder werden. *Humilitas* – das ist die Demut und die Bescheidenheit.

Der Humus, aus dem der *homo* kommt, das ist Lehm und Löß, Sand und Waldboden, Schlamm und Schlick, Dreck und Matsch, Kompost und »Anbausubstrat«. Wird der Boden, der Nährboden, gefährdet, wird das Leben bodenlos und brotlos. Uns ist zugetraut und zugemutet, die Erde zu nutzen, nicht auszubeuten. *Mit* ihr zu leben, indem wir *von* ihr leben! Der Mutterboden ist die verletzliche Haut unserer Erde, des Globus, des Oikos.

Verletzlich ist sie, die Erde! Die Erde weint. Die Erde schreit. Es ist ein stummer Schrei, seit Kain, bis heute, im Heiligen Land und in der Ukraine, im Irak und in Syrien, im Kongo und im Südsudan, in Afghanistan und im Jemen. Leiden wir mit, wenn die Erde explodiert, erstickt, verdorrt, verkarstet, wenn Wüsten wachsen? Beim Landgewinn durch Brandrodung geht der Nährboden verloren, geht im wahrsten Sinn auch die Luft aus.

Hören wir den stillen Schrei der Erde, wenn sie abgeräumt wird, zum Abraum gemacht wird? Hören wir, wenn sie verdorrt oder versauert, plattgewalzt, zerbombt, vergiftet, verstrahlt, ausgewaschen, zubetoniert oder aufgerissen wird? Wunderbare Erde, nährende Mutter, *mater*, *materia*. Um unsere Mutter geht es, die »Mutter Erde«, auf der sich »Vaterländer« breitgemacht haben, die die Erde zerteilen, abgrenzen, ausbeuten und die sie mit dem Blut der Brüder und Schwestern tränken.

Was wir Kultur nennen, kommt aus der der *agricultura*, der Agrarkultur, also aus der gelungenen Verbindung zwischen Natur und Mensch, Kultur und Natur. Land-Wirtschaft kommt aus der Landes-Kultur. *Agricultura* – das ist gleichzeitig Nutzen, Pflege und Schönheit. Die Erde behält ihr Subjektsein, wird nicht bloßes Objekt unseres Machens.

Es geht zum einen um die große Erde, diese so einmalige wie einsame im Universum. Und es geht um unser Stückchen Land, um den kleinen Garten vor dem Haus, um die fruchtbare Krume im Blumentopf. Indem wir *mit* ihr leben, bleibt *sie* leben, bleiben *wir* leben. Im Kleinen sind wir für das große Ganze verantwortlich. Die Ehrfurcht *vor* dem Leben, das aus der Erde kommt, führt uns in die Verantwortung *für* die eine Erde, die für alle da ist. Die Erde hat Platz, die Erde hat Brot für alle. Der Garten Eden ist verlassen, aber das Land bringt weiter Frucht und unbeschreibliche Schönheit.

Wir dürfen nicht resignieren vor der Größe unserer Aufgaben, Herausforderungen, Zwänge. Auch wenn wir angesichts der Probleme manchmal von einem »Augiasstall« sprechen. In Friedrich Dürrenmatts Hörspiel »Herkules und der Stall des Augias« offenbart König Augias seinem Sohn Phyleus ein gut gehütetes Geheimnis, nachdem selbst Herkules nicht in der Lage gewesen war, den alles bedeckenden, stinkenden Mist zu beseitigen. Phyleus will es nicht glauben. Der Vater zeigt dem Sohn in seinem geheim gehaltenen Garten in Elis sein Vermächtnis:

Aus Mist ist Erde geworden. Gute Erde. Siehst du, mein Sohn, an diesem Garten habe ich ein Leben lang im Geheimen gearbeitet, und so schön ist er. Er ist ein etwas trauriger Garten. Ich bin kein Herkules, und wenn nicht einmal er der Welt seinen Willen aufzuzwingen vermag, wie wenig erst vermag ich es. So ist dies der Garten meiner Entsagung. Ich bin Politiker, mein Sohn, kein Held, und Politik schafft keine Wunder. Sie ist so schwach wie die Menschen selbst, nicht stärker, ein Bild nur ihrer Zerbrechlichkeit. Sie schafft nie das Gute, wenn wir selbst nicht das Gute tun. Und so tat ich denn das Gute.

Ich verwandelte den Mist in Humus. Es ist eine schwere Zeit, in der man so wenig für die Welt zu tun vermag, aber dieses Wenige sollen wir wenigstens tun: das Eigene. [...] Trage du nun Früchte. Ersetze mit dir selbst das verlorene. Wage jetzt zu leben und hier zu leben, mitten in diesem gestaltlosen Wüstenland: die Heldentat die ich dir nun auferlege, Sohn, die Herkulesarbeit, die ich auf deine Schultern wälze.

(Friedrich Dürrenmatt, »Vier Hörspiele«, Berlin 1968, S. 141)

Ein ebenso drastischer wie bedenkenswert-provozierender Impuls stammt von Friedensreich Hundertwasser. Er ist fokussiert auf unseren Umgang mit unseren Exkrementen im Zusammenhang mit Produktion und Konsumtion. Hundertwasser will, dass wir uns als Bestandteil einer funktionierenden globalen Kreislaufwirtschaft verstehen. Er wählt sehr drastische Worte dafür, dass wir uns einen falschen Begriff von unserem Abfall machen:

Jedesmal, wenn wir die Wasserspülung betätigen, im Glauben, eine hygienische Handlung zu vollziehen, verstoßen wir gegen kosmische Gesetze, denn in Wahrheit ist es eine gottlose Tat, eine frevelhafte Geste des Todes. Wenn wir auf die Toilette gehen, von innen zusperren und unsere Scheiße wegspülen, ziehen wir einen Schlußstrich. Warum schämen wir uns? Wovor haben wir Angst? Was mit unserer Scheiße nachher geschieht, verdrängen wir […].

Hundertwasser mahnt eine Kehrtwendung an:

Der Bauer vergewaltigt systematisch unsere Überlebensgrundlage. Er vergiftet den ihm zu treuen Händen anvertrauten Grund und Boden, Wald und Fluren mit einem Agrobusinessdenken von satanischem Ausmaß. Gärtner und Botaniker erkennen nicht das Gebot der Stunde, die Pflicht, die sie gerade jetzt zu erfüllen hätten, und versuchen krampfhaft, echte Pflanzen den Plastikblumen anzugleichen. Der Politiker lebt nach dem Motto: *Nach mir die Sintflut.*

Künstler sind Warnende und sie suchen auch ungewöhnliche Auswege. Aber die Rettung unserer Erde geht uns alle an. Auch wenn es eine Herkulesarbeit scheint. Jeder kann damit beginnen.

Schwester und Mutter nennt Franziskus in seinem Sonnengesang die Erde. Sie trägt und nährt uns. Nicht nur die Theologen, nicht nur die Wissenschaftler, auch die Künstler erinnern uns daran.

Lob des Wassers

Wasser ist Leben. Unersetzlich für die Lebenskreisläufe, für das Wachsen und Gedeihen der Pflanzen, für den Durst von Tier und Mensch, für Landwirtschaft und für Güterproduktion. Und Wasser ist auch spirituell mit dem »Wasser des Lebens« verbunden, das Jesus uns anbietet und das er selbst ist.

> Gelobt seist du, mein Herr, durch Schwester Wasser, gar nützlich ist es und demütig und kostbar und rein.

So singt Franziskus und bringt diese zwei Dimensionen, die materielle und die spirituelle, zusammen.

Wasser ist global zur mehr und mehr sich verknappenden, umkämpften Ressource geworden. Quellen versiegen. Fruchtbarer Ackerboden und selbst Oasen verdorren. Urwälder werden abgeholzt, ganze Flusssysteme verschmutzt. Der Welt wird durch Staudämme buchstäblich »das Wasser abgegraben«. Das Menschenrecht auf »sauberes Wasser« wird Millionen Menschen bereits heute vorenthalten. 2,5 Milliarden Menschen – also zwei von fünf Erdenbürgern – haben laut Aussage der Weltgesundheitsorganisation WHO von 2014 keinen Zugang zu sauberem Wasser. Rund 1,5 Millionen sterben jährlich an verunreinigtem Wasser. Wer heute vom Wasser spricht, muss auch von sozialer und wirtschaftlicher Ungerechtigkeit, von Not und Elend sprechen.

Denn wenn es ums Wasser geht, geht es ums Ganze, ums Wachsen, Blühen und Fruchtbringen, um die Ursprünge des Lebens, um das Elixier des Lebens, um die Zukunft des Lebens. Es geht um das wunderbar lebensspendende, das gefährliche und das gefährdete Element. Um das alltägliche und das heilige

Wasser. Um Brunnen, Quelle, um Salz- und Süßwasser, Flüsse, Seen und Meere, um Tau und Regen. Um bestaunenswerte, nun vielfach gestörte Lebenskreisläufe, wie der Psalm 104 sie bildreich besingt:

> Du lässest Wasser in den Tälern quellen,
> dass sie zwischen den Bergen dahinfließen,
> dass alle Tiere des Feldes trinken
> und das Wild seinen Durst lösche.
> (Ps 104,10f.)

Symbolische Handlungen machen klar, wie wir beständig mit und von Wasser leben. Das Leben, das Wasser, die Quellen fließen zusammen in Gott. Ich erinnere mich an einen festlichen »Wassergottesdienst« in der Thesenkirche Martin Luthers, in dem wir zusammenbrachten, was uns bewegte: Preisen und danken, bitten und klagen, schmecken und besingen, reflektieren und erleben:

Wir preisen und wir danken
Wir preisen Dir das frische Wasser; jeden Tag aus der Leitung.
Wir preisen Dir den Wellengang an der Ostsee und das samtene Wasser des Nachts am süßen See.
Wir preisen Dir das erlösende Gewitter nach der Trockenheit und den Landregen zu neuem Wachsen.
Wir preisen Dir die gnädigen Bodenschichten, die unser Wasser reinigen.
Wir preisen Dir Tee- und Kaffeewasser, Bier und Wein, süße und saure Säfte, stilles und prickelndes Wasser. Wir preisen Dir den Baikalsee und den Bodensee. Wir preisen Dir Fluss

und Auen, Nebenarme und Weidenauen unserer Donau,
Elbe, Saale, Havel, unseres Rheins und unserer Oder.
Wir preisen Dir und danken dir das Fruchtwasser und alle
Quellen des Lebens. Wir schwimmen beglückt in einem
Fluss, dessen reines Wasser uns trägt – sagen wir unterhalb
von Aschaffenburg oder am oberen Tejo.

Wir bitten
Gott, gib uns das Wasser eines neuen Lebens,
das Wasser wie es in Jesus Christus als Wasser des Lebens
begegnet.
Gott, gib uns Phantasie, dass wir aus dem harten Felsen
unseres Lebens
lebendige Quellen sprudeln lassen.

Wir klagen
Wir klagen Dir die Not deiner Schöpfung, den Durst so vieler
Menschen, Tiere, Pflanzen.
Wir klagen Dir unsere Industriewolken, die versauerten Seen
in Norwegen und Schweden.
Wir klagen Dir über die Fischer und Bauern, über ihren
Hunger und den Bodenverlust jenseits des Assuan-
staudammes.
Wir klagen dir den austrocknenden Aralsee, Salzwüste nun,
umgelenktes Wasser, babylonische Projekte.
Wir klagen Dir den sauren Regen, der unsere Wälder krank
macht.
Wir klagen Dir die Barentssee, auf deren Grunde Atomabfälle
lagern – und die durchrostenden Atom-U-Boote der USA
und der Russen.

Wir klagen Dir die Giftsedimente im Don und im Mississippi, in Elbe, Saale und Elster, im Jangtse und im Niger, im Donaudelta und im Tigris.
Wir klagen Dir die verdorrten Bäume eines zu heißen Sommers.
Wir klagen Dir die ölverseuchten Strände nach den Tankerhavarien
gestern – heute – morgen.
Wir klagen Dir unsere Arglosigkeit beim Umgang mit dem Wasser, täglich
Wasser ströme für die Einöden unseres Lebens.

Das Kostbarste erhalten wir täglich fast umsonst.
Und das Kostbarste umsonst ist das Heiligste. Ehrfurcht vor dem Leben – das meint auch Ehrfurcht vor dem Wasser.

Als Antependium am Altar hängend ein Gedanke von Ernesto Cardenal:

> Eine Handvoll Wasser, das mir zwischen den Fingern zerrinnt, ist nicht weniger wertvoll als eine Handvoll Diamanten.

Ohne Wasser kein Leben.

Und schließlich: Wasser säubert – unsere Körper, unsere Wäsche, unser Geschirr und unsere Geräte. Etwas waschen heißt auch, etwas verschmutzen. Etwas verschmutzen, was sich dann selber wieder reinigen muss. Überfordern wir das Wasser nicht, wenn wir es verschmutzen, während wir uns oder unsere Gerätschaften säubern.

Schönheit und Nützlichkeit hängen so zusammen wie Emotion und Vernunft. Alle die, die sehr emotional reagieren, sollten die Vernünftigen nicht verachten, und die Vernünftigen sollten all jene nicht verachten, die emotional auf unsere Welt reagieren. Und all diejenigen, die die Schönheit der Landschaft wollen, sollen diejenigen nicht verachten, die auch nach dem Nutzen fragen. Und wer nach dem Nutzen fragt, soll die anderen nicht verachten, die fragen: Wo bleibt die Schönheit?

So vielgestaltig begegnet uns das Wasser! Als Quelle, Rinnsal, Bach, Fluss, See, Meer, Hochwasser, Springflut, Sintflut, Nieselregen, Landregen, Platzregen, Gewitter, Süßwasser, Brackwasser, Salzwasser, Grundwasser, Trinkwasser, Giftwasser, Abwasser, Eis, Schnee, Hagel, Nebel, Wolken, Dampf, Tau, Wischwasser, Waschwasser, Taufwasser.

Und auch andere Bilder drängen sich mir auf: Tränen tropfen, die Tränen der Freude und die Tränen des Leides. Tränen der Rührung und Tränen der Trauer. Alle Tränen abwischen. Reines Wasser umsonst. Abgewaschen die Schuld.

Unübertroffen schön, erwärmend, bestärkend das Vertrauenslied Psalm 23:

> Der Herr ist mein Hirte [...]
> Er weidet mich auf einer grünen Aue
> und führet mich zum frischen Wasser. Er erquicket meine
> Seele.

Am Anfang der Schöpfung, als die Erde wüst und leer und es finster war auf der Tiefe, da schwebte Gottes Geist auf dem

Wasser. (Gen 1,2) Am Ende der Zeiten sieht Johannes einen neuen Himmel und eine neue Erde, hört eine große Stimme:

> Ich bin das A und das O, der Anfang und das Ende. Ich will dem Durstigen geben von dem Brunnen des lebendigen Wassers umsonst. (Offb 21,6)

Alle diese Dimensionen, die im Lob des Wassers aufscheinen, haben auch ihre praktische Konsequenz: Wir sollten auf die Erfahrung der Tradition lauschen und auf die Weisheit der Bibel hören. Aber auch der Natur ihre Weisheit ablauschen und sie uns nutzbar machen, nicht ohne sie leben, aber auch nicht gegen die Natur. Sonst richtet sie sich gegen uns.

Eine persönliche Erinnerung kommt mir in den Sinn: Auf dem Altartisch steht eine Flasche Pfälzer Wein. Die Reben sind gewachsen an den Hängen der Weinstraße. Die Trauben selbst gelesen im Weinberg eines Ökowinzers. Ein sehr kostbares »Wasser«, mit einer »Blume« im Mund. Und ein Brot liegt vor uns auf dem Altar, knusprig gebacken im Holzofen, der Sauerteig nach alter Tradition handgeknetet. So gesund und so schmackhaft ist dieses ökologische Brot, dessen Kruste so verlockend schön glänzt! Und es schmeckt, ein Stück herausgebrochen und verteilt, geteilt, vergegenwärtigende Erinnerung an die Tischgemeinschaft, in deren Mittelpunkt wieder und wieder Jesus stand. Beglückend für den, der nichts selbstverständlich, der dankbar alles nimmt und gibt.

Lob der Luft

Vom Genuss des Atmens schreibt Goethe:

> Im Atemholen sind zweierlei Gnaden:
> Die Luft einziehen, sich ihrer entladen:
> Jenes bedrängt, dieses erfrischt;
> So wunderbar ist das Leben gemischt.
> Du danke Gott, wenn er dich preßt,
> Und dank ihm, wenn er dich wieder entläßt.

Welch ein Labsal, morgens aus dem Hause tretend, frische Luft zu atmen, durchatmen zu können, erfrischt zu werden, der Frische des neuen Tages begegnen. Welch ein Glück, frei atmen zu können, weder von innen noch von außen beengt zu werden – weder von außen durch politische oder ökonomische Verhältnisse noch von innen durch Bedrängnis und Bedrückung.

Selbstverständlich saubere Atemluft zur Verfügung haben, außer Atem kommen durch eine besondere Anstrengung. Und dann befriedigt vom anstrengenden und sinnerfüllten Tun tief durchatmen und gelassen einschlafen können. Unser Atem funktioniert von ganz allein, ganz un-bewusst. Morgens aufwachen und wieder bewusst atmen.

Atem ist Leben. Und er ist Verbindung. Zunächst zu mir – im Atem kann ich zu mir selber kommen. Er hält meinen Leib und meine Seele zusammen. Er durchschwingt mich. »Es« atmet in mir, ich kann mich diesem Lebensstrom, seinem Fluss anvertrauen. Aber er ist auch Verbindung mit den anderen, über meine Stimme. Über Bewegung, die mir die Kraft gibt, zu handeln.

Wenn ein Mensch geboren wird, so fängt er sofort an, selber zu atmen. Der Sauerstoffaustausch beginnt, wenn die Abnabelung stattfindet. Der erste Atemzug ist der Beginn unseres Lebens auf der Welt, das mit dem letzten Atemzug enden wird.

Der Schrei

Ein Mensch wird geboren, und sofort
schreit er.
Keiner versteht ihn, doch alle
freuen sich.
Da bin ich! schreit der Mensch,
da, um zu leben.
Bin ich hier richtig?
Geboren bei
guten Menschen?
In einem gesitteten Jahrhundert?
Wird nicht zufällig Krieg geführt?
Ist die Sklaverei hier abgeschafft?
Habe ich die richtige Hautfarbe?
Die richtige Abstammung?
Darf ich atmen?
Dann besten Dank.

(Ludvík Aškenazy, in: Die schwarze Schatulle,
Berlin und Weimar 1965, S. 13)

»Darf ich atmen?« Mit dieser Frage sind wir heute beschäftigt, nicht mit dem Sauerstoff O, sondern wesentlich mit CO_2. Als am 1. Dezember 2015 die chinesische Regierung plötzlich tausende Fabriken schließen musste, weil eine Smogdecke die Bevölkerung gefährdete, war dies ein Fanal, zu Beginn der UN-Klimakonferenz! Das schrie nach einer großen, weltweiten, aus Einsicht und Angst geborenen Schutzmaßnahme für unsere Atemluft. Der Schrecken über selbstverschuldete Lebensbedrohungen muss der Menschheit in die Glieder fahren, neben dem Schrecken über Taifune, Sturmfluten und Dürrekatastrophen. Und es muss das Bewusstsein wachsen: Saubere Luft ist ebenso ein Menschenrecht wie sauberes Wasser.

Dabei ist es so selbstverständlich: Wenn uns etwas drückt, dann sagen wir: »Lass mich mal an die frische Luft gehen. Lass mich mal frische Luft tanken. Lass mich mal durchatmen. Öffne das Fenster und lass dich vom freien Himmel her anwehen.«

Also: Nur nicht atemlos den drängenden Problemen begegnen, sondern tief durchatmend so leben, dass der freie Atem möglich ist. Im physiologischen, im physischen und im politischen Sinne. Und tief Atem holen, frei atmend singen, im Singen Atemfreiheit gewinnen.

»Der Wolken, Luft und Winden gibt Wege, Lauf und Bahn, der wird auch Wege finden, da dein Fuß gehen kann« – so singen wir und gewinnen im Singen freien Atem. Wie beglückt sind wir, wenn wir nach Atemnot (wieder) frei atmen können.

In der Aussendungsrede Jesu für seine Jünger (Mt 10) heißt es in der Übersetzung von Walter Jens: »Habt keine Furcht! Fragt nicht: Was soll ich sagen? Wie muss ich sprechen? Euch wird gegeben, wenn die Stunde kommt, wie ihr zu sprechen habt. Dann seid nicht ihr es, die reden: Es redet, Anhauch und Stimme, in euch der Geist eures Vaters. Der spricht.«

Anhauch und Stimme: Immer wieder vom Geiste Gottes angehaucht, belebt und ermutigt. Schließlich haben Menschen den

Odem des Lebens eingeblasen bekommen. Einem Erdklumpen wurde der Odem des Lebens eingehaucht – in der Einheit von Atem, Luft und Geist. So beschreibt es die Bildsprache der Bibel in der Genesis. Der Atem des Lebens ist etwas Göttliches. Und etwas, was zutiefst zu unserer Schöpfungswirklichkeit als Menschen gehört: Vom Bruder Wind spricht Franziskus im Sonnengesang (in der Übersetzung von Johannes H. E. Koch):

Gelobt seist Du, o Herr, durch Bruder Wind,
durch Lüfte, Wolken
und jedwedes Wetter
das die Geschöpfe Deiner Hand erhält.

Lob der Bäume

Ich bekenne: Ich selber kann nicht leben ohne den Trost der Bäume. Ich kenne aber auch die Angst um Bäume. Und ich bin überzeugt: Am Schicksal der Bäume entscheidet sich das Schicksal unserer Welt.

In meiner Erinnerung dominieren drei Bäume: die riesengroße *Tanne,* direkt vor unserem Haus im Pfarrgehöft meiner Kindertage um 1950 in Schönberg, dann die *Pappel,* die ich 1957 mit meinem Vater in Werben gepflanzt habe. Sie ist jetzt – 2016 – etwa fünfunddreißig Meter hoch. Und von 1973 ist mir unvergessen der wunderbar stolze *Ginkgo* in meinem Pfarrgarten in Merseburg, der einer Umgehungsstraße geopfert wurde, mitsamt dem ganzen Garten. Eine riesige russische Raupe rammte ihn, und nach mehrfachem lauten Anlauf stürzte der Baum, den diese Maschine sich schließlich zerstörerisch unterworfen hatte, ihn brutal entwurzelnd. Mein Eindruck: Er schrie und schrie, und ich konnte ihm nicht helfen. Lang ging mir das Schreien des Baumes bis in meine Träume nach.

Seither bin ich sensibilisiert für das Fällen von Bäumen mit den effizienten Motorsägen, die zum Beispiel dem Straßenverkehr geopfert werden oder zu Hunderttausenden für die neuen Landebahnen der Flugzeuge oder für die Häuser von Menschen ver-braucht werden. Die Landschaft wird mehr und mehr zersiedelt und versiegelt aus dem Wunsch heraus, in der schönen Natur leben zu können. Und ich möchte nach wie vor »Bäume sehen, aus dem Hause tretend.« (Bert Brecht).

Das Schweigen über Bäume ist heute fast ein Verbrechen. Theologie ist künftig so zu betreiben, dass Bäume wachsen können: Das war und blieb meine Erkenntnis, war und blieb ein Grund-

Satz meines theologischen Konzepts, ja meines Credos. Hier, direkt vor unserem Zimmerfenster, dort in der Straßenallee, auch im legendären »deutschen Wald« oder weit weg von uns in Malaysia, in Ecuador oder Brasilien, in der Welt der bedrohlichen Brandrodungen oder in schwelenden Brandherden im unermesslich weiten, auch mehr und mehr austrocknenden Russland. Am Leben der Bäume entscheidet sich auch unser Leben.

> Wieder hat man in der Stadt,
> um Parkplätze zu schaffen,
> Platanen gefällt.
> Sie wußten viel.
> Wenn wir in ihrer Nähe waren,
> begrüßten wir sie als Freunde.
> Inzwischen ist es fast
> zu einem Verbrechen geworden,
> nicht über Bäume zu sprechen,
> ihre Wurzeln,
> den Wind, die Vögel,
> die sich in ihnen niederlassen,
> den Frieden, an den sie uns erinnern.
>
> (Walter Helmut Fritz, in: Im Gewitter der Geraden –
> Deutsche Ökolyrik, München 1981, S. 75)

Als ich mit meiner Familie 1978 aus der ökologischen Giftküche zwischen den sogenannten »Chemiegiganten« Buna und Leuna nach Wittenberg kam, konnte ich allmorgendlich auf den Lutherhof mit Bäumen schauen. Frühmorgens – bevor die Touristen kamen – solche grünende Schönheit und beruhigende Stille. Bäume predigten mir und ich sah auf das Katharinenportal. Das Konterfei Luthers ist umschrieben: In silentio et spe erit fortitudo vestra (Im Stillsein und Hoffen wird eure Stärke sein). Und ich schaute vom zweiten Stock auf die riesengroße Linde und die wunderbar stolze Eiche, den jedes Jahr üppig blühenden Magnolienbaum, die wunderbar riechenden Fliedersträucher, die mächtige Rotbuche und das kleine Gesträuch, verbunden mit einer Wiese, die einlud, sich auf sie zu legen und in den Himmel zu schauen und zu träumen. Dazu plätscherte das sogenannte Röhrwasser, das wohlhabende Bürger Wittenbergs bereits im 16. Jahrhundert vom Fläming hierhergeleitet hatten und dessen Fluss die Jahrhunderte überdauert hat.

Die alte Eiche und die beschirmende Linde sind inzwischen verdorrt, nachdem sie in ihren Kronen immer lichter geworden waren. Sie haben es auf Dauer nicht ausgehalten, was aus unserem Schornstein – dem Schornstein des Predigerseminars und aus dem Schornstein der sogenannten Staatlichen Lutherhalle – Jahr für Jahr herausgepustet wurde. Die Neuanpflanzungen haben es schwer. Auch hier.

Bäume sterben aufrecht,
aber längst kommen
ihre Todfeinde nicht mehr
mit Äxten.
Bäume werden millionenfach
gefällt mit Motorsägen
und Bulldozern
[...]
Bäume sterben aufrecht.
Wo sie gefallen sind,
sterben die Pflanzen aus,
verenden die Tiere,
ersticken zuletzt die Menschen.
(Peter Schütt, in: Bäume sterben aufrecht, Berlin 1984, S. 56f.)

Solche Bedrohungen fühlte ich in meinem Innersten, sind mir bis heute – und neu! – geblieben. Ich denke zurück an eine Meditation am 10. September 1978. Es war meine Einführungspredigt als Dozent in der Schlosskirche: »Was haben Bäume mit dem Glauben zu tun?« fragte ich damals.

»Verwoben sind Bäume mit menschlichem Geschick von Beginn an. Da wird etwas entschieden, verdeutlicht, verglichen: Der Baum des Lebens steht neben dem Baum der Erkenntnis oder er ist gar identisch mit ihm. [...] Ich meine, dass wir in *dieser* Perspektive heute über Bäume reden und damit Theologie treiben in der Haushalterschaft über unsere Erde. Schlimm wäre es, erwiese sich dies nur als eines der üblichen Modethemen für eine ihrer Aufgaben und Möglichkeiten ungewiss gewordenen Theologie und Kirche. [...] Unter dem ›Baum der Erkenntnis‹ begann der Mensch, auch die Theologie. Was können wir wissen, was dürfen wir hoffen, was sollen wir (nicht) tun? Wo sind Grenzen für das, was wir tun können, aber nicht sollten? Wir stehen noch heute, heute neu, machtlos und ratlos unter diesem geheimnisvollen Baum. Und wenn wir schon gefunden haben mögen, was gut und was böse wäre für unsere Welt, so wissen wir doch nicht, wie wir Erkanntes segensreich durchsetzen könnten.

Schönheit und Nutzwert des Baumes kommen zusammen wie Apfel*blüten* und Apfel*ernte*. Was ist wichtiger? Hat es denn Bedeutung für uns, wenn es in 1. Mose, 1 heißt: ›Im Garten Eden waren allerlei Bäume, lieblich anzusehen und zu essen.‹ In dieser Reihenfolge wird dies benannt: Lieblich anzusehen und zu essen. Der Lobpreis, die Freude des Entdeckens, das Anschauen, Preisen und Sich-Freuen ist das erste, der Nutzwert das zweite, wenngleich nicht unwichtige. Da fällt mir dann schließlich Bert Brechts Kalendergeschichte ein: Herr K.

und die Natur: Wo alles zum Gebrauchsgegenstand wird, da haben Bäume für mich, sagt Herr K., – der ich kein Schreiner bin, etwas beruhigend Selbständiges, von mir Absehendes ... und deshalb würde er, Herr K., gern mitunter, aus dem Hause tretend, ein paar Bäume sehen. Warum fahren sie, fragte man ihn, nicht einfach manchmal ins Freie? Herr K. antwortete: Ich habe gesagt, ich möchte sie sehen, aus dem Hause tretend.

Wie schön, hier im Lutherhaus zu wohnen, aus dem Hause tretend, Bäume zu sehen: etwas beruhigend Selbständiges, eine Oase, eine Predigt für sich.

So erleben wir im Lutherhof Linde und Eiche, Buche und Birke, Brunnen und Wasser, aus einer Quelle von weit her, und Bäume haben etwas vom Evangelium. Doch das wird auch gehütet, bewahrt und gepflegt wie ein kostbares Gut. Es wird gesehen und auch gehört, gehört wird die Stille eines Hofes mit Bäumen. Sie haben etwas vom Evangelium. Sie sind ein Merkzeichen für uns. Sie führen uns auf ›sensiblen Wegen‹ zu unseren Wurzeln, erinnern uns an unsere Verwurzelung, mahnen uns, unsere Wurzeln nicht nur nicht zu vergessen, sondern auch zu schützen. [...]

Jeder von uns ist gezeichnet durch seine Erfahrungen, ist wie ein Windflüchter, geknickt, zerzaust, knorrig, entwurzelt, aber auch frisch rausgeputzt, begierig herauszuwachsen, über sich selbst hinauszuwachsen. Einer kommt mir vor wie ein Stumpf, abgehauen, der nicht glaubt, dass da noch ein Reis aus ihm heraussprossen kann, zaghaft. Jeder von uns ein Baum, der versucht, ein guter Baum zu sein und gute Frucht zu bringen, und der weiß, dass die Frucht schließlich eine Gnade ist.«

Bäume, so habe ich damals gesagt, haben mit meinem Glauben zu tun. Das war 1978. Wenn aber das Jahr 2015 nicht nur als das wärmste Jahr seit Beginn der Wetteraufzeichnungen gilt, sondern dies auch das trockenste Jahr war, dann habe ich Grund zur Sorge, nicht nur um die Bäume, mit denen wir leben und mit denen wir sterben. So ausgedörrt ist die Erde. Tiefe Risse. 25 Bäume vor Wittenbergs Bahnhof verbrannt in der sengenden Sonne. Die großen Blätter der Kastanien in unserem Grüngürtel haben Brandflecken. Eine der drei großen Birken im Garten meines Bruders ist eingegangen. Wie viele Bäume sind gestorben? Still haben sie sich verabschiedet. Wer betrauert sie? (Und wer beachtet mit innerer Sorge, wie hart unsere Eichen gegenüber dem Eichenprozessionsspinner um ihr Leben kämpfen?) Was tun wir, wenn ein Baum verdorrt, einfach vorzeitig als totes Gerippe dasteht? Saftlos. Farblos. Die Äste nicht mehr biegsam, sondern starr. Tot eben. Wen berührt das? Ich jedenfalls erschrecke vor verdorrten Bäumen. Ich habe Mitgefühl, mehr als mir lieb ist.

Bäume sind wie Menschen. Menschen wie Bäume. Wie viele gibt es, die nicht mehr wurzeln? Bäume verdorren, sind unbeweglich, leblos – farblos. Es geht nichts mehr von ihnen aus. Sie fangen wie wir ganz klein an. Sie brauchen viel Schutz. Sie schlagen Wurzeln, sie trotzen den Stürmen, wachsen gen Himmel. Wasser brauchen sie, Grundwasser und Regenwasser. Schutz vor den erbarmungslosen Kettensägen, die die Urwälder fernab roden, die damit an die Atemluft der ganzen Welt rühren.

Vor meinem Fenster riesige entwurzelte, umgerissene Bäume, die dem Frühjahrssturm nicht trotzen konnten. Mit dem Fahrrad fahre ich an Bäumen vorbei, deren Wurzeln bei Erdarbeiten achtlos abgerissen werden. Wurzeln stören die Rohrleitungsleger. Hier, gleich an der Ecke. Die Baggergreifer zerren, als ob sie ärgerlich wären. Da kommt keiner, der Wurzeln gerade abschneidet, damit sie nicht allmählich hochfaulen. Was ist schon eine Baumwurzel – für einen Menschen, der selber keine Wurzeln hat, der nirgends wurzelt.

Doch wer möchte leben ohne den Trost der Bäume? Bäume haben, und sie prägen Charakter. Goethe sagte am 2. April 1829 zu Eckermann: »Wer sein Leben lang von hohen, ernsten Eichen umgeben wäre, müsste ein anderer Mensch werden als wer täglich unter lichten Birken sich erginge.«

Da wurden und werden im Luthergarten direkt vor der Stadt Wittenberg hunderte Bäume gepflanzt von Christen von überall aus der Welt. Unter jedem Baum ein Hinweis auf den, der ihn gepflanzt hat: Ein Pflanzung des Herrn, eine Pflanzung für den Herrn. Und für die Erinnerung an 1517 und als Ermunterung für alle, die an die Quellen zurückgehen, für alle, die wurzeln und wachsen wollen.

Ich wiederhole:

> Vor eynen Baum, von dem man schatten hat,
> davor sol man sich verneygen.
>
> (Martin Luther. Luthers Sprichwörtersammlung, Kapitel 291)

Und: Jeder Baum hat Teil am Geschick der Welt.

Lob der Endlichkeit

Gelassen ist, wer über die eigene Endlichkeit nachdenkt und anerkennt, was ein altes Kirchenlied nüchtern konstatiert: »Mitten wir im Leben sind, mit dem Tod umfangen.« »Gelobt seist du, mein Herr, durch unsere Schwester, den leiblichen Tod«, so heißt es im Sonnengesang des Franziskus: Das ist gelassenes Gehen-Können, aber auch mehr als nüchterne Akzeptanz, die einfach nur die Begrenztheit des eigenen individuellen Daseins akzeptiert. Nüchterne Akzeptanz dessen, was ist, ist das eine. Die eigene Sterblichkeit, die eigene Endlichkeit zu preisen, das ist etwas anderes. Denn dieses Lob kann nur singen, wer im Endlichen dem Unendlichen begegnet ist. Der Grundton ist auch hier wieder: Dankbarkeit. Wer lobt, lebt anders und handelt anders.

Anerkennen, was ist – das heißt einsehen: Begrenztheit gehört zu unserem Leben, ist eine seiner Voraussetzungen. Seit 1972 der erste Bericht des »Club of Rome« erschien, ist von »Grenzen des Wachstums« die Rede, verbunden mit der Einsicht in die Endlichkeit der Ressourcen, die Begrenztheit unseres Lebensraums und die Unmöglichkeit eines grenzenlosen Wachstums. Inzwischen haben wir gelernt, dass auch unsere Atmosphäre Schadstoffe nur begrenzt aufnehmen kann. Diese Endlichkeit, die Erschöpflichkeit unserer Welt ist nicht bloß zu erkennen. Es sind vielmehr aus dieser Erkenntnis die Konsequenzen zu ziehen, damit die künftigen Generationen – sagen wir utopisch die nächsten zwanzig Generationen – genug zum Leben haben und dass wir ihnen für ein gutes Leben eine gute Welt hinterlassen. Wir sind die Generation, die noch aus Freiheit verzichten kann, damit Spätere auch aus Freiheit verzichten und nicht zwangsläufig eingeschränkt, verarmt und verhärtet leben müssen. Behutsamkeit ist angesagt in unserer gnadenlosen Wegwerfgesellschaft.

Durch das Inanspruchnehmen der Lebensräume zerstören wir, lassen vertrocknen, überfluten, zersiedeln, wir holzen ab, betonieren, verbrennen, überzüchten, manipulieren – und gehen dadurch zunehmend, was wir ererbt haben, auch an unser Erbgut. Wenn wir den künftigen Generationen aber eine gastliche Erde hinterlassen wollen, dürfen wir es nicht als Utopie abtun, was der junge Karl Marx geschrieben hat, dass wir nämlich – alle Gesellschaften zusammengenommen – nicht Eigentümer der Erde sind. Wir sind »nur ihre Besitzer, ihre Nutznießer, und haben sie als boni patres familias (gute Familienväter) den nachfolgenden Generationen verbessert zu hinterlassen.« Das ist Welterhaltungspathos aus Einsicht in die Endlichkeit.

Wer sich selbst an jedem Tag klarmacht, dass es nicht nur Endlichkeit gibt, sondern dass er selbst endlich ist, vergewissert sich seines ihm noch unbekannten Nicht-mehr-Seins genauso wie seines Noch-da-Seins. Paulus hat es so ausgedrückt: »Leben wir, so leben wir dem Herrn; sterben wir, so sterben wir dem Herrn. Darum: wir leben oder sterben, so sind wir des Herrn.« (Röm 14,8) Wir leben und wir sterben also im Angesicht Gottes. Keiner lebt für sich, keiner stirbt für sich. Wir leben jemandem und wir sterben jemandem.

Was der Psalm 39 ausspricht, das ist vielleicht das Innigste des ganzen Alten Testaments. Der Beter ist bei aller seiner Sorge und Sterbensnot gewiss, dass sein Leben ein Ziel, also ein *telos* hat und nicht nur *finis* – also nicht Ende, sondern Ziel. Darauf also kommt es an: dass wir um unsere Endlichkeit wissen und nicht so sorglos dahergehen wie alle, die sich vergebliche Unruhe machen und den Tod verdrängen.

HERR, lehre mich doch,
dass es ein Ende mit mir haben muss
und mein Leben ein Ziel hat und ich davonmuss.
Siehe, meine Tage sind eine Handbreit bei dir,
und mein Leben ist wie nichts vor dir.
Wie gar nichts sind alle Menschen,
die doch so sicher leben!
Sie gehen daher wie ein Schatten
und machen sich viel vergebliche Unruhe;
sie sammeln und wissen nicht,
wer es einbringen wird.«
(Ps 39,5-7)

Zu Gast sein auf dieser Welt für eine von keinem Einzelnen vorher gewusste Zeitspanne, zu Gast sein im Leben – auf dieser Erde – bedeutet, sie gastlich zu gestalten und gastlich zu hinterlassen – im Bemühen, gut zu sein und eine gute Erde zu hinterlassen. Sterbensangst nicht verdrängen, aber das Lebenslob singen – noch und noch und noch am Ende. Keiner der Liederdichter hat das so expressiv besungen wie Paul Gerhardt in seinem großen Passionslied »O Haupt voll Blut und Wunden«, in dem es dann später heißt:

Erscheine mir zum Schilde,
zum Trost in meinem Tod,
und lass mich sehn dein Bilde
in deiner Kreuzesnot.
Da will ich nach dir blicken,
da will ich glaubensvoll
dich fest an mein Herz drücken.
Wer so stirbt, der stirbt wohl.
(EG 85,10)

Paul Gerhardt hat freilich in unserer Theologie- und Frömmigkeitsgeschichte dazu beigetragen, dass der christliche Glaube als Vertröstungsreligion empfunden, benutzt, verstanden und kritisiert werden konnte.

Der populäre Liedermacher Gerhard Schöne hat dieses Lied auf eine wunderbare Weise adaptiert und dabei genau das glückende Gastsein auf der Erde zusammen mit der Vergänglichkeit besungen:

> Ich bin ein Gast auf Erden.
> Bald muss ich wieder geh'n.
> Umarme ich Gefährten,
> sag ich: »Auf Wiederseh'n«.

Das ist ein Glaube, der den Tod nicht als Beziehungslosigkeit versteht, sondern Leben und Auferstehen als neue Form von Beziehung begreift. Das ist ein Mensch, der sich in der Pflicht weiß und zugleich bestrebt ist, glücklich zu sein, der sich nicht als Hausherr gebärdet, der alles machen kann, was er will.

> Dann sterben Wälder, Meere,
> dann bleibt kein Lichtlein rein,
> dann gehen ganze Heere
> von andern Gästen ein.

Der Sänger weiß, dass diese Welt gefährdet ist und dass jeder Gefährdeter und Gefährder zugleich ist. Er ist sich bewusst, dass vieles anders werden muss. Er schließt geradezu mit einer Selbstaufforderung, einer Selbstaufmunterung:

Wills mit in Ordnung bringen,
will stillen manches Weh,
will mein schönstes Danklied singen,
bevor ich von ihr geh.

(Nr. 20, in: Liederbuch Lebenszeichen, BuschFunk 1992)

Aber ist es nicht die Endlichkeit, die uns den Sinn schenkt, uns den besonderen Wert unseres Lebens ermessen lässt, den Wert jeder Lebensstunde? »Das Zeitliche segnend« diese Welt verlassen können. Gelassen.

»Der Tod ist groß. Wir sind die Seinen«, sagt Rilke. Wir sind die Seinen. Aber wir sind auch Gottes. Das Zeitliche segnen können, sich zu seinen Vätern und Müttern niederlegen, wissend: Wir kommen nicht wieder. Aber wir kommen an.

Selber gehen können und andere loslassen. Beides bleibt schwer. Darin getrost zu sein, das ist die Summe des Glaubens. Und wer gehen musste, der bleibt hienieden lebendig, solange sich einer seiner in Liebe erinnert. Und ich bleibe Gott in Erinnerung.

Im Ende auch ein Ziel sehen, darauf kommt es an.

Das Zeitliche segnen. Das ist Glaube.

Und daraus erwachsen Haltungen, die unsere Welt heute braucht.

Haltungen, die unsere Welt braucht

Ehrfurcht vor dem Leben

Die Haltung der Ehrfurcht meint nicht nur das Gefühl der Wertschätzung und Achtung, sondern noch mehr: Anerkennung eines Größeren, von etwas Heiligem. Für Albert Schweitzer ist dieses »Größere« die Schöpfung, in die hinein der Mensch gestellt ist. Wir sind »Leben inmitten von Leben, das leben will«: Das ist seine Grundeinsicht, das ist der Kern einer Begeisterung, die sein Verhalten, aber auch sein Selbstverständnis prägt: »Vertiefst du dich ins Leben, schaust du mit sehenden Augen in das gewaltige belebte Chaos dieses Seins, dann ergreift es dich plötzlich wie ein Schwindel. In allem findest du dich wieder. […] Überall, wo du Leben siehst – das bist du!« (Das Albert Schweitzer Lesebuch, München 1984, S. 209)

Vorrangig aus der Liebe zum Leben und aus tief verwurzelter Lebensbejahung erwächst Schweitzers Kraft, sich unablässig für bedrohtes Leben einzusetzen – das Leben in seiner Fülle, mit seinen Geheimnissen, Schönheiten und Möglichkeiten. Eingebettet in das Ganze des Lebens kümmert er sich ums Einzelne und um den Einzelnen. Seine ganze Hoffnung setzt er unverdrossen auf die nächste Generation und lebt einen Optimismus vor, der Niederlagetraining hinter sich hat. Er macht deutlich, dass Engagement Sachverstand, Beharrlichkeit und Verbindlichkeit braucht. Jeder, der sich daran macht, die Welt nicht so zu lassen, wie sie ist, muss zudem um die Sachzwänge wissen – ohne vor ihnen zu kapitulieren. Er muss die Kraft des *Dennoch* erproben.

Albert Schweitzer ist ein Ideen-Geber zur Erhaltung der Welt, *in* der wir leben und *von* der wir leben. Seiner Haltung sollten wir zu entsprechen versuchen. Und das auf der Höhe der Zeit, in den Untiefen unserer Zeit, angesichts der totalitären Abhörpraktiken in der freien Welt (auch ihm war die CIA auf den Fersen!), angesichts des grassierenden Welthungers und der höchst effizienten globalkapitalistischen Vernutzung, der unverantwortlichen gewissenlosen Ausbeutung der natürlichen Lebensgrundlagen.

Für diese Ausbeutung gibt es Beispiele. Die EU rang sich dazu durch, bestimmte Nervengifte für Insekten zwei Jahre nicht mehr auszubringen, weil es zu einem massenhaften Bienensterben gekommen war. Die Bienen werden jetzt geschützt mit dem Argument, dass es Milliardenschäden verursachen würde, wenn sie weiter massenhaft stürben – und dass es Milliardengewinne gebe, wenn möglichst viele Bienen da seien. Die Lebewesen bekommen also nur einen Wert, der sich in Milliardensummen ausdrücken lässt. Die Kreatur hat keinen Wert in sich selbst, sondern nur insoweit, als dieser sich in Geld ausdrücken lässt.

Die Ehrfurcht vor dem Leben müsste sich heute auch abbilden als Ehrfurcht vor dem Boden, der für uns fruchtbar bleiben möge – statt nun überall Mais und Raps als sogenannte regenerierbare Rohstoffe (ohne Rücksicht auf den Boden, die freilebenden Tiere oder für das Trinkwasser) anzubauen. Gegenwärtig droht in Deutschland eine »Ver-Maisung« und »Ver-Rapsung« des ganzen Landes, weil man damit gut Geld verdienen kann. Aber der Mutterboden wird dabei gnadenlos ausgebeutet. Die geschundene Kreatur schreit in unserer gnadenlosen Billigfleischfresser-Zivilisation zum Himmel. Nein: Die Tiere sehen den Himmel nie! Ein Beispiel: Im Mega-schlachthof bei Celle sollen künftig täglich 430.000 Hühner geschlachtet werden. Dazu sind 200 neue Mastställe nötig.

Zu der »Ehrfurcht vor dem Leben« gehört eben das Recht auf Leben, mit dem Recht auf Wasser, auch auf sauberes, für alle zugängliches Trinkwasser. Hier bei uns und überall auf der Welt.

Ehrfurcht führt in das Staunen, das Sich-Verwundern, in die Freude am Leben und seiner Schönheit, seiner Vielfalt und Nützlichkeit. Darum geht es zuvörderst: die Natur in ihrem Selbstwert, ihrer Vielfalt und ihrer Erhabenheit zu erhalten und alles grob-sinnlos-zerstörerische Verbrauchen zu stoppen und Lebenskreisläufe zu respektieren. Und es geht um einen Frie-den, der aus Verstehen und Verständnisbereitschaft erwächst. Gut zu bleiben, heißt wach zu bleiben gegenüber allem, was zum Himmel schreit. Der sittliche Mensch in uns erstirbt, wenn wir müde werden, das, was die anderen Wesen um uns herum erleben, mitzuerleben, mit ihnen zu leiden. Wehe uns, wenn unsere Empfindsamkeit abstumpft. Das Miterleben des ande-ren Lebens ist das große Ereignis für die Welt. Die Natur bringt tausendfältig Leben hervor in der sinnvollsten Weise und zer-stört es tausendfältig in der sinnlosesten Weise.

Selbst Tiere, sagen Wissenschaftler, seien zur Selbstaufop-ferung bis zum Tode fähig und könnten mitfühlen mit ihren Jungen. Da ist es schrecklich, wenn den Tieren das Mitempfin-den versagt wird. Genau dem aber sollen sich Menschen – gegen jedwede darwinistische Ideologie – entgegenstellen, sowohl in der Respektierung der Andersartigkeit von Men-schen, wie auch der Art, in der wir Menschen nicht herrschen, sondern dem Leben nützen und es fördern — in Demut.

In einer Atmosphäre des Vertrauens kann es zu einer vernünftigen Regelung der Probleme kommen. Wir sind immer mitverantwortlich für die Angst derer, die jenseits des Grabens leben und Angst haben wie wir. Die Mahnung des Apostels Paulus möge den einzelnen Menschen und ganze Völker ergreifen: »Ist's möglich, soviel an euch liegt, so habt mit allen Menschen Frieden.« (Röm 12,18) Es kommt darauf an, dass alle daran mitwirken, dass eine Zeit hereinbricht, in der Kriege nicht mehr sein werden.

Auch in der Friedensbewegung der damaligen DDR war dies ein handlungsleitender Impuls: Nicht mehr zu lernen, Krieg zu führen, und deshalb Schwerter zu Pflugscharen umzuschmieden, die Brot in der Dritten Welt bringen. Uns war damals klar: Das kann nur gelingen durch einen neuen Geist, in einer »höheren Vernünftigkeit«, die die Welt nicht in Freund und Feind, in Gute und Böse aufteilt.

Engagierten schreibt Albert Schweitzer ins Stammbuch: »Als Wirkende und als Leidende haben wir die Kräfte von Menschen zu bewähren, die zum Frieden hindurchgedrungen sind, der höher ist als alle Vernunft.« (Die Ehrfurcht vor dem Leben. Grundtexte aus fünf Jahrzehnten, München 1988, S. 165) Dieser Friede bedient sich der Vernunft, bis Herz, Gemüt und Verstand auf eine glückende Weise zusammenkommen und also welt-bewegend wirken.

Rationales Denken, juristische und politische Rahmenbedingungen und tiefes Empfinden können zusammenwirkend das stärken, was in unserem menschlichen Wesen liegt: Fähigkeit zur Humanität. Freilich befindet sie sich immer im Kampf: gegen alle Partikularismen, gegen Überlegenheitsposen der eigenen Kulturkreise, Religionen, Konfessionen oder Nationen.

Es bleibt immer offen, ob mich das Leiden eines Gegenübers anrührt oder ob nacktes Leid so nachempfunden wird, dass man eher einem Fluchtreflex nachgeht und Elend verdrängt. Aber eines scheint unabweisbar: Menschen können ihre Freundlichkeit kultivieren und auch mit belastenden Gefühlen konstruktiv umgehen, indem sie sich in die Gefühle des Gegenübers hineinversetzen, diese gewissermaßen in ihrem Inneren spiegeln und daraufhin mitfühlend handeln. Der erfahrungsgesättigte, auch am Apostel Paulus geschulte Theologe Schweitzer machte sich nie Illusionen darüber, dass er viele, die an den Hebeln der Macht sitzen und ihr Herr-Sein und Herrscher-Sein genießen, erreichen könnte.

Immer sind es Einzelne, die sich nicht begnügen mit dem bloßen Übernehmen autoritativer Wahrheiten. Sie beharren darauf, dass die Stadt der Wahrheit nicht auf dem Sumpfboden des Skeptizismus, des Relativismus, des Zynismus, der Weltverachtung und der Gleichgültigkeit aufgebaut werden kann.

So bedarf es an jedem Tag erneut der Zuversicht, in der jenes freie Denken, das Tiefe behält, sich bewährt. Der Wille zur Wahrheit hat zugleich ein Wille zur Wahrhaftigkeit zu sein. Und das erfordert immer Mut, nicht dem Zeitgeist zu verfallen, sondern der Zeit Geist zu verleihen, was heißen kann, sich gegen den Geist der Zeit aufzulehnen. Menschsein erfüllt sich erst, wenn es durch die Resignation hindurchdringt und zu innerer Freiheit gelangt, in der der Mensch »die Kraft findet, mit allem Schweren in der Art fertig zu werden, dass er dadurch vertieft, verinnerlicht, geläutert, still und friedvoll wird.« (Die Ehrfurcht vor dem Leben, a.a.O., S. 155)

Wer durch die Fegefeuer der Resignation hindurchgelangt ist, der ist auch fähig, die Welt zu bejahen. Aus bloßem Dahinleben wird kein befriedigendes Erleben. Förderung oder Rettung von Leben kann als tiefstes Glück erfahren werden, wenn ein Mensch empfindungsfähig und des Glücks des anderen teilhaftig wird. Es ist das Glück des Helfens, das Glück des Gelingens, das Glück, Einsamkeit zu überwinden, bei dem der Mensch nicht nur *teilhat* am Leben, sondern auch *teilnimmt*.

Schweitzer ist von der Zuversicht erfüllt, dass ein aus der Wahrheit kommender Geist stärker ist als die Macht der Verhältnisse. Auf die Frage, ob er pessimistisch oder optimistisch sei, merkt er an: »Mein Erkennen ist pessimistisch und mein Wollen und Hoffen optimistisch.« (a.a.O., S.162) Lebenspraxis stärkt Lebenshoffnung. Tätig und täglich Ja zur Welt sagen – aus dem *Ja* heraus, das über uns selber ausgesprochen ist und dazu befähigt, uns selber kritisch zu sehen, ohne uns zu erniedrigen.

Was nimmermüde Hoffnung heißt, hat Bert Brecht in ein Frühlingsgedicht gefasst:

Frühling
An einem dürren Ast
Ist eine Blüt' erblüht
Hat sich heut nacht bemüht
Und nicht den Mai verpaßt.
Ich hatt' so kein Vertraun
Daß ich ihn schon verwarf
Für Anblick und Bedarf.
Hätt ihn fast abgehaun.

(Die Gedichte von Bertolt Brecht in einem Band, Frankfurt a. M. 1995, S. 969)

Verantwortung übernehmen

In der Bergpredigt spricht Jesus den Friedfertigen/den Frie-
densmachern zu, dass sie selig, frei, glücklich, ganz und somit
auch »Gottes Kinder« heißen. Wie erfüllt der Mensch seine
Stellung in der Schöpfung gegenüber sich selbst und seinen
Mitmenschen? Immanuel Kant schrieb: »Die größte Angelegenheit des Menschen ist, zu wissen, wie er seine Stellung in der
Schöpfung gehörig erfülle und recht verstehe, was man sein
muss, um ein Mensch zu sein.«

Seine Stellung in der Schöpfung gehörig erfüllen – das heißt
für den Menschen, Verantwortung zu übernehmen für das
ihm Anvertraute. Der verantwortlich Denkende und Han-
delnde hat sein Menschsein als ein einmaliges Individuum
und *zugleich* als Teil der Gattung zu erfüllen. Dazu gehört
das Wissen, worin, warum und wie Verantwortung konkret
wahrgenommen wird. Für unseren jüdisch-christlichen Kul-
turkreis bleibt es die fundamentale Einsicht, dass Gott den
Menschen in den Garten setzte, damit er ihn »bebaute und
bewahrte« (Gen 2,15) Er kann und soll in Einklang mit der ihn
umgebenden Natur, mit sich selbst und seinen Mitmenschen
leben.

Der dem Menschen ursprünglich gegebene Lebensraum ist
ein Garten; seine Aufgabe besteht darin, dort ordnend tätig zu
werden, die Schöpfung nutzbar zu machen und den Garten
dabei zu bewahren. Alle Dinge darin sind »verlockend anzusehen und gut zu essen«. Anschauen und Staunen kommt vor
dem Nutzen. (Gen 2,9)

Der Mensch geht aufrecht und hat somit die Hände zur
»Arbeit« frei, er entwickelt abstrahierenden und differenzie-

renden Verstand sowie die Sprache als Mittel der Verständigung. Er ist über das Animalische hinaus zu freier Übereinkunft zur Kultur fähig. Er ist determiniert *und* frei, also einer der Verantwortung für sein Handeln übernehmen kann. Verantwortung im christlichen Verständnis heißt: sich verantworten, Rede und Antwort »coram Deo« und vor den Menschen stehen, in Selbstbewusstsein und in Demut, in bewusster Entscheidung und klarer Unterscheidung, im Glück des Gelingens und im Risiko der Fehlbarkeit.

Seine Freiheit ist zugleich seine Versuchung, denn Freiheit ohne Verantwortung wird zur Willkür und Verantwortung ohne Freiheit zum Zwang. Menschsein erfüllt sich in freier Verantwortung, in Verantwortung von Freien. Indem er *von* der Schöpfung lebt, lebt er *mit* ihr – oder die Schöpfung wird durch seinen bloß verbrauchenden, die Lebenskreisläufe missachtenden Eingriff vom Garten zur Wüste.

Wer nach Verantwortung fragt, fragt nicht nur nach Legalität, sondern zugleich nach Legitimität.

Der Mensch ist in der Lage, sich zu entscheiden; er fragt nicht nur danach, was *ver*boten ist, sondern auch nach dem, was *ge*boten ist. Also: Du sollst nicht töten. Und: Du sollst Leben schützen!

Verantwortliches Leben impliziert präventives Handeln, ein Gefahren vorbeugendes Tun und Lassen. Jedes Tun beruht auf einer Güterabwägung. Verantwortlich zu leben heißt, einer *aktiven* Gebotsethik zu folgen und nicht bloß einer *passiven* Verbotsethik.

Martin Luther hat bereits 1520 in seiner kurzen Erklärung des christlichen Glaubens die bloß negative Verbotsethik überwunden. Das fünfte Gebot »Du sollst nicht töten« lehre, »wie man sich gegenüber seinesgleichen oder gegenüber seinem

Nächsten, soweit es sie persönlich betrifft, verhalten soll: dass man ihnen nicht Leid zufügen, sondern, wo sie dessen bedürfen, sie unterstützen und ihnen helfen soll.«

Wer verstößt gegen das Gebot?

»– Wer seinem Nächsten zürnt. – wer zu ihm ›Du Nichtsnutz!‹ sagt und was es dergleichen Zeichen des Zornes und Hasses gibt.

– wer zu ihm sagt ›Du Dummkopf und gottloser Narr!‹ oder was es an Schimpfworten, Flüchen, Verlästerungen, bösen Nachreden, Richten, Verurteilen, Hohnreden usw. gibt.

– wer die Sünden und Mängel seines Nächsten hervorkehrt statt sie (vor den anderen) zu verdecken und zu entschuldigen.

– wer seinen Feinden nicht vergibt, nicht Fürbitte für sie tut, nicht freundlich und gut mit ihnen umgeht. Hierein gehören alle Sünden aus Zorn und Hass, wie Morden, Kriegführen, Rauben, Niederbrennen, Zanken, Hadern, Trauern über des Nächsten Glück, Sichfreuen über sein Unglück.

– wer nicht auch gegenüber seinen Feinden die Werke der Barmherzigkeit übt.

– wer die Leute gegeneinander aufhetzt oder (durch Hetzreden und Lügen) miteinander verstrickt.

– wer Zwietracht sät zwischen den Menschen.

– wer die Zerstrittenen nicht versöhnt.

– wer sich Zorn und Haß und der Zwietracht nicht entgegenstellt und ihnen nicht zuvorkommt, wo er nur kann.«

Wie wird nun dieses Gebot erfüllt?

»Geduld, Sanftmütigkeit, Güte, Friedsamkeit, Barmherzigkeit und in allen Dingen eine warme, freundliche Herzlichkeit, zu jedem Menschen, auch dem Feind gegenüber, ohne jeden Hass zu sein, ohne Zorn und Bitterkeit.

Hierher gehören alle Lehren von der Geduld, Sanftmütigkeit, Friedsamkeit, Einigkeit.« (Luther, LTA, Taschenbuchausgabe, Bd. 4, S. 125, 138, 142, 146)

Und Luther zählt zu den friedensgefährdenden bzw. auch friedenschaffenden Kräften die Sprache, mit der wir uns aufrichten oder vernichten können. Das achte Gebot zu erfüllen, hieße:

»– eine friedsame, heilsame Sprache, die niemandem schadet und jedem nützt; eine Zunge, die die Zerstrittenen versöhnt und die Verleumdeten entlastet und besonnen spricht, d.h. wahr und eindeutig.

– Hierher gehören alle Lehren, wann und wo man schweigen und reden soll, wenn es des Nächsten Ehre, Recht, Sache und Seligkeit betrifft.«

Noch nach 500 Jahren gilt es, gegen die weitgehend vorherrschende Verbotsethik anzugehen und für ein präventives Handeln sowie für die innere Arbeit am Frieden anzutreten.

Gerade unsere demokratische Gesellschaft ist auf Menschen angewiesen, die sich aufgrund von Prinzipien eigenständig in gesellschaftliche Prozesse und Entscheidungen einmischen und in ihrem jeweiligen Verantwortungsbereich mitsorgen, dass Lebens- und Entfaltungsmöglichkeiten möglichst vieler geschützt, erhalten und erweitert werden.

Die Menschen*rechte* brauchen einen Katalog von Menschen*pflichten*. Mit-Verantwortung beschränkt sich nicht auf ängstliches Fragen, ob etwas recht sei, sondern fordert die aufmerksame und mutige Abklärung, was danach werde. Der Volksmund sagt: Nicht erst tätig werden, wenn das Kind in den Brunnen gefallen ist. Dem Brudermord geht nach Genesis 4 das Abweisen von Verantwortung für den Bruder voraus. Schlimmer noch: Während das eben erst vergossene Blut gen

Himmel schreit, fragt der Mörder zynisch: »Soll ich meines Bruders Hüter sein?«

Verantwortung bedeutet, stets auch des anderen Hüter zu sein, sich für dessen Lebensmöglichkeit mitverantwortlich zu fühlen, nicht bloß nicht zu morden, sondern aktiv dafür Mit-Sorge zu tragen, dass er leben kann. Diese Aufgabe hat sich inzwischen globalisiert. In Zeiten des brutalen, alle Zivilisationsregeln zynisch in Frage stellenden Terrorismus wird es unendlich schwer, sich nicht auf das Handlungsniveau des IS zu begeben. Wenn aber in einem Notfall als ultima ratio militärisches Eingreifen unumgänglich ist, müssen die Regeln des Völkerrechts eingehalten werden.

Prinzipiell gilt:

Es reicht nicht, staatlichen Gesetzen nur zu gehorchen; die Stimme des Gewissens muss menschlichen Gesetzen widersprechen, wo diese die Mitmenschlichkeit verletzen.

Es reicht nicht, eine menschenverachtende Ideologie nicht zu teilen; man muss rechtzeitig und offen widersprechen und risikobereit widerstehen.

Es reicht nicht, zu schweigen, wenn die Vielen grölen; man muss selbst das Fällige sagen.

Es reicht nicht, ein reines Gewissen zu haben; man muss eingreifen und wird nicht ohne Schuld bleiben können.

Es reicht nicht, Verantwortung nach oben abzuschieben; denn »unten« wird ausgeführt, was oben erdacht und von oben gefordert wird.

Es reicht nicht, nichts gewusst zu haben; man muss wissen wollen und sich auch um gefährliches Wissen bemühen, wo Gefahr droht. In diesem Sinne ist Edward Snowden ein Held der Zivilität und der Freiheit.

Es reicht nicht, keine (tödliche) Gewalt angewandt zu haben; man muss sich dem Gewalttätigen entgegenstellen und alles tun, um die Ursachen von Krieg und Gewalt zu minimieren.

Jeder Mensch hat zugleich eine nichtdelegierbare Verantwortung für sich selbst, für seine physische und psychische Gesundheit, für sein Wohlbefinden, für die Ausbildung und Ausübung seiner Gaben, für sein Wissen und sein Gewissen, für Bildung und Ausbildung, für ein glückendes Leben, das die in ihm schlummernden Kräfte kreativ und produktiv freisetzt. Das ist Frieden – im Sinne des alttestamentlichen *Schalom*.

Jeder von uns hat eine Verantwortung zunächst für den ihn umgebenden engeren Lebenskreis und kann sich nicht selber mit Hinweis auf »höhere Aufgaben« dispensieren. Zugleich hat jeder eine Mitverantwortung für das, was in seiner Kommune, in seiner Gesellschaft, in seinem Staat geschieht.

Verantwortlich leben heißt, den Ausgleich zu suchen zwischen dem Achthaben auf sich selbst, dem sich selbst Vergessenkönnen und dem Achthaben auf die anderen zu suchen.

Altruistische Daueranspannung ist genauso wenig zuträglich wie egoistische Ich-Orientierung. Ein allein von Pflichterfüllung geprägtes Leben, das vor lauter Selbstlosigkeit unglücklich wird, ist kein gelingendes Leben; glücklich ist, wer in allem, was er tut, lässt, erlebt, erleidet, erprobt, erfährt, einen Sinn entdeckt – und über sich selbst lachen kann.

Vorausdenkend handeln

Auch nach beinahe 40 Jahren geht es mir nach und nahe, wie wir als Familie aus der Chemiestadt Merseburg an der Saale in die Lutherstadt Wittenberg an der Elbe gezogen waren: aus der vergifteten Vorhölle ins grüne Vorparadies. In der Domstadt Merseburg kulminierten gewissermaßen die auf uns zukommenden Weltprobleme: der durch chemische Abwässer vergiftete Fluss, die sehr schwierige Integration von algerischen jungen Männern, die im »VEB Leuna-Werke Walter Ulbricht« arbeiteten und hermetisch von der normalen Bevölkerung abgeschottet wurden – wegen der absehbaren Abwehr der Ausländer durch Inländer. Ich bekam oft Gräuelmärchen und bösartige Witze über diese »Kameltreiber« zu hören. Die Fremdenfeindlichkeit ist so neu nicht.

Außerdem habe ich noch im Ohr, wie lärmend besonders im Winter bei hohen Minusgraden die MiG-Jagdbombermotoren heiß liefen, um dann mit riesigem Getöse zu starten und ganz tief über der Stadt fliegend wieder zu landen. Besonders bedrohlich wirkte das bei dem in der Saale-Aue vorherrschenden Nebel im Herbst und Winter. Schließlich verunreinigten die beiden Chemie-Giganten unsere Atemluft. Messwerte gab es nicht. Die Regierenden pflegten ihre ideologisch bedingte Wirklichkeitsallergie. So gehörte selbst das Wort »Umweltschutz« bis in die 80er Jahre zu den Tabuwörtern in der DDR.

Für mich wurde dieses Lebensumfeld nolens volens zu einem Lebensthema. Der Baum, die Wälder, der Ackerboden, die Flüsse, die Rüstung und das, was Frieden schenkt, die verarmte, die armgemachte Dritte Welt und die Menschenrechte für alle. Der Dichter Peter Rühmkorf hämmert es mir täglich freundschaftlich mahnend in den Kopf: »Bleib erschütterbar und widersteh«.

Und so bin ich aktiv im BUND, bei Attac streite gegen Elb-vertiefung und gegen neue Rüstungsspiralen mit wiederaufge-legter kaltkriegerischer Feindbildzimmerei. Aber ich vergesse nicht zu leben, zu genießen, zu preisen, zu danken, mich jeden Morgen neu zu freuen über Atemluft und Himmelslicht, Far-ben und Töne, über meine Enkel und die Spatzen im wilden Wein meines Häuschens. Misanthropisches überkommt mich bisweilen, wird aber nicht vorherrschend.

Zeitungen sind heutzutage nicht nur fast täglich voll von überlebensrelevanten Themen – es gibt diese Informationen neben allem Problemvernebelnden, Verblödenden, Verkaufs- und Sensationsbesessenen. Aber bei der Lektüre der Nachrich-ten wird auch eine bedrohliche Ausweglosigkeit global spürbar – etwa beim Trinkwasser oder bei der Übersäuerung oder Überfischung der Meere. Wenn Fischfangflotten reicher Län-der die Küsten Afrikas abfischen, wird den Anrainern keine Wahl gelassen: Piraterie oder Tod.

Die Probleme kommen nie ganz plötzlich: Sie kündigen sich mit einzelnen Symptomen an. Vorausdenkend handeln – so hieß, leider meist nur theoretisch, die Devise seit dem zweiten Bericht an den Club of Rome von 1979. Darin wurde das 200 Jahre geltende Glitzerwort »Fortschritt« entzaubert. Die Kon-sequenzen bzw. die unbeabsichtigten Nebenfolgen menschli-chen Handelns wurden aufgezeigt, und es wurde verdeutlicht, dass sich die Menschheit bisher damit begnügen konnte, aus Fehlern zu lernen und umzusteuern und sie wettzumachen. Nun aber sind wir – im fossilen Zeitalter verhaftet – in der fata-len Lage, dass wir fortan bestimmte Fehler nicht mehr machen dürften, weil kein Umsteuern mehr möglich ist angesichts irre-versibler menschlicher Eingriffe in den Naturhaushalt. Es sei das Wachsen der Wüsten, die atomare Verseuchung, das dramatische Verschwinden von Arten und der Rohstoffraubbau genannt.

Der fulminante Forschungsbericht an den Präsidenten Carter von 1980 unter dem Titel »Global 2000« listet bereits detailliert auf, was auf dem Spiel steht, wenn wir als Weltgemeinschaft so weitermachen wie bisher.

Nach über 35 Jahren haben sich die Probleme nur noch verschärft. Die Zweifel daran sind noch gewachsen, ob noch ein umfassend umsteuerndes Handeln real denkbar ist, das man nicht mit dem Urteil »zu spät« belegen muss? Wer mutet es sich zu, Tag für Tag darüber nachzudenken, wo der Abfall sicher gelagert werden könnte, wenn der atomare Müll noch Jahrmillionen strahlen wird?

Aurelio Peccei und seine Kollegen schrieben in ihrem Bericht an Carter: »Während die Menschheit sich scheinbar weiterentwickelt, verliert sie in Wirklichkeit an Boden und durchläuft eine kulturelle, geistige und ethische, wenn nicht gar existenzbedrohende Phase des Abstiegs. […] Wenn wir uns bewusst sind, wieviel von uns selbst abhängt, werden wir wieder auf den menschlichen Geist vertrauen lernen und frische Impulse zur Erneuerung unserer Gedanken und Handlungen gewinnen, um unseren Geist lebendig zu erhalten.« (Das menschliche Dilemma, Wien u.a. 1979, S.13-15)

Ja, den Geist lebendig halten – im digitalen Zeitalter, in dem wir sehr schnell alles wissen können, aber dabei unversehens verlernen, das Wichtige vom bloß Zeitraubenden und Geistvernebelnden zu unterscheiden. Unsere persönlichen wie kollektiven Verdrängungsprozesse werden zu einer der wirkmächtigen Ursachen für das Leben auf der schiefen Ebene.

»Unsere Abneigung, uns der unerfreulichen Realität zu stellen, verschleiert die Tatsache, daß die heutige generelle Krise noch zunehmen wird, bevor sie sich allmählich bessern kann. Die wenigen Analysen oder Prognosen, die es gibt, sind eng, fragmentarisch oder umfassen nur einen kurzen Zeitraum. Wir haben unsere Kräfte niemals über akademische Disziplinen und nationale Grenzen hinweg mobilisiert, um globale, langfristige Ziele zu verfolgen.« (a.a.O., S. 18)

Es ist ja so bequem, bei einfachen, vereinfachenden Wahrheiten sein Heil und seine Ruhe zu suchen. Vielleicht sind wir der Komplexität nicht gewachsen, die auf eruptive Weise zugenommen hat in Zeiten der Globalisierung. Dabei sind wir doch angeblich in der »Wissensgesellschaft« angekommen. Deswegen ist für mich klar: Tradiertes Lernen muss durch innovatives Lernen ergänzt werden. Tradiertes Lernen, das wir als den Erwerb festgelegter Auffassungen, Methoden und Regeln definieren, um bekannte, sich wiederholende Situationen zu bewältigen, ist die Art des Lernens, die dazu dient, ein existierendes System oder eine etablierte Lebensform zu erhalten. Aber wir brauchen, um zu überleben, eine andere Art des Lernens: das *innovative Lernen*.

Hinzu kommt: Jede noch so kluge und verantwortungsvolle Politik steht auf verlorenem Posten, wenn sie für ihre – unbequemen – Erkenntnisse und Maßnahmen keine breite Zustimmung der eigenen Bevölkerung findet. Das hat sich zu einem Fundamentalproblem der Demokratie ausgewachsen, wo das Mehrheitsprinzip dazu führt, dass die »Weißwäscher« gewinnen. Dabei ist unbestreitbar, dass ein vorausschauendes, ein antizipierendes Lernen eine Angelegenheit auf Leben und Tod geworden ist. Hier setzt die besondere Verantwortung der Kirchen ein. Auch sie müssen um Zustimmung werben, auf Einschnitte in das Lebens eines jeden aufmerksam machen und zeigen, dass ein einfacheres Leben, ein naturnäheres und in manchem anstrengenderes Leben keineswegs ein unglücklicheres sein muss.

Vorausschauend zu lernen, das wird inzwischen jedem, der hören, sehen und fühlen will, eine Überlebensbedingung des technischen und fossilen Zeitalters. Antizipation kann als Fähigkeit gelten, sich neuen, möglicherweise nie zuvor dagewesenen Situationen zu stellen und katastrophale Entwicklungen abzuwenden. Bloß adaptives Lernen führt in einen Teufelskreis.

Der »Urwaldprofessor« Ivan Illich hat ein radikales Programm der inneren und äußeren Umkehr unter dem Leitwort »Selbstbegrenzung« (1974/1980) entworfen. Wenn uns das Umdenken nicht gelingt, wird uns auch das Umsteuern nicht gelingen. Illich schreibt: »Die heutige Welt ist zwiegespalten: da sind jene, die nicht genug haben, und dort sind jene, die zuviel haben; jene, die durch die Autos von der Straße verjagt werden, und jene, die diese Autos steuern. Die Armen sind verstoßen und die Reichen sind ans Steuer geschnallt [...] eine mit Kugellagern ausgestattete und im Rhythmus des Fahrrades rollende Gesellschaft wäre unvorstellbar viel leistungsfähiger als sämtliche unwegsamen Gesellschaften der Vergangenheit und unvergleichlich viel autonomer als alle programmierten Gesellschaften der Gegenwart [...] Der Maschinenmensch kennt nicht die leicht erreichbare Freude, die in gewolltem Verzicht liegt; er kennt nicht die durchaus nüchterne Trunkenheit am Leben. Eine Gesellschaft, in der jeder wüßte, was genug ist, wäre vielleicht eine arme Gesellschaft, sie wäre ganz sicher eine an Überraschungen reiche und freie Gesellschaft.« (Ivan Illich, Selbstbegrenzung, Reinbek bei Hamburg 1980, S. 39f.)

Es ist uns als Einzelnen wie als Menschheit zugemutet, erwachsen zu werden – also Verantwortung nicht nur für das Naheliegendste zu übernehmen und Selbstbeherrschung aus Einsicht – ohne Glückverlust! – zu gewinnen. Hilfreiche Selbstbeschränkung ist uns abverlangt – Verzicht auf jegliche Verschwendung. Ich konnte zu DDR-Zeiten solche Gedanken und solche Bücher als »gefährliches Gedankengut des Klassenfeindes« über die Grenze schmuggeln lassen und mit Studenten und Jugendlichen in Seminaren besprechen. (Wir schrieben mit Durchschlägen ab.) Wir entdeckten miteinander, dass wir mitten in der zweigeteilten, aber doch schon in der *einen* Welt lebten – nämlich in »grenzenloser« Gefährdung durch den Welthunger, durch die sogenannte Friedenssicherung mittels gegenseitig gesicherter ABC-Vernichtungsdrohung, durch die gnadenlos ausgebeutete Schöpfung, die auch auf der giftig-schwarz dahinfließenden fischfreien Saale sichtbar und riechbar wurde.

Weiße Schaumkronen mit giftigen Stoffen wurden weitergetragen oder sackten ins Ufersediment. (Und in jene Saale war mein Sohn Martin mit dem Sportkinderwagen 1974 hineingerollt. Ich konnte ihn noch in letzter Sekunde retten und zähle das zu den wunderbar bewahrenden Erlebnissen meines Lebens, zumal der Junge bereits Saalewasser geschluckt hatte.)

Ich musste damals das Gedicht des Hallensers Dieter Mucke »Umweltverschmutzung« auf staatliche Intervention hin aus dem Schaukasten des Lutherhauses entfernen. Wirklichkeitsallergie der Mächtigen! Aber meine Tochter Uta schrieb es ab, verbreitete Durchschläge in ihrer Schule.

In Flüssen, die stinken
Kann man nicht schwimmen.
An Flüssen, die stinken
Kann man nicht singen.
In Flüssen, die stinken
Kann man nicht fischen.
Die die Flüsse versauen
Kann man erwischen.

Wir lebten in der bedrückend grauen Stadt Merseburg mit deprimierendem Häuserverfall, in einer Stadt, deren einer Teil im Krieg nicht weggebombt worden war, aber nun in sozialistischer Misswirtschaft mehr und mehr verfiel, wo in den 70ern viel abgerissen und durch hässliche Neubauten ersetzt wurde. Gemeinsam mit anderen, uns lieben und zugetanen Menschen lebten in einer Art »Vorhölle«.

Dichtung ist eine Weise des vorausschauenden Denkens. Auf unserem Weg damals, in den 80er Jahren waren es nicht umsonst Schriftsteller wie Tschingis Aitmatow, Wassili Schukschin und Valentin Rasputin, die uns begleitet, aufgeklärt, erschüttert und ermutigt haben. Der Film und das Buch »Abschied von Matjora« (1979) stellen uns gleichnishaft vor Augen, wie wir mit der Schöpfung umgehen – und nicht umgehen dürfen, zum Beispiel bei Staudamm-Großprojekten, mit Heimatverlust für Hunderttausende und unwägbaren Langzeitfolgen, wie jetzt in China.

Der russische Schriftsteller und Umweltaktivist Valentin Rasputin lässt die Großmutter Darja dem Enkel auf dessen Frage, warum denn nach ihrer Meinung der Mensch klein sei und ihr leid tue, sagen: »Denk mal an. Wie der Mensch gewesen ist, so ist er heute noch. Hat schon immer zwei Arme und zwei Beine gehabt, mehr sind ihm nicht gewachsen. Aber das Leben hat er zum Kochen und Brodeln gebracht [...] schlimm, schlimm, wenn man das so sieht. Nu ja, das ist sein Werk, keiner hat ihn angestiftet dazu. Er denkt, daß er Herr und Meister ist übers Leben, aber das ist er schon längst nicht mehr. Längst schon hat er müssen die Zügel fahrenlassen. Das Leben hat das Sagen über ihn, das Leben verlangt ihm ab, was es will, treibt ihn und hetzt ihn. Grade daß er's schafft, sich zu drehn und zu wenden auf Befehl. Er müßte sich zügeln können, innehalten ein Weilchen, um sich schauen, gucken, was noch da ist und was der Wind schon alles weggetragen hat [...] Aber nein – er selbst kann es noch schlimmer, er treibt und hetzt, was das Zeug hält. Da verhebt er sich noch dran, lange hält er das nicht durch. Ach was, er hat sich doch schon verhoben, sagen wir's doch, wie's ist.« (Valentin Rasputin, Abschied von Matjora, Berlin 1979, S. 175f.)

Und als der Enkel die Maschinen preist, die dem Menschen das Leben doch so erleichtern würden, wendet die Großmutter ein: »Vor hundert Jahren haben die Menschen in Ruhe und Frieden gelebt, sag ich dir. Von dir rede ich, von euch, davon, wie's heutzutage zugeht. Knochenlahm macht ihr euch nicht, das stimmt freilich. Eure Knochen, die schont ihr fein. Bloß daß ihr eure Seele verplempert habt, das kümmert euch nicht. Hast du wenigstens mal davon gehört, daß der Mensch eine Seele hat?«

Andrej muss lächeln. »Die soll es geben, sagt man.« »Spotte nicht, es gibt sie. Bloß ihr habt euch selber eingebleut, was man nicht begucken und betasten kann, das gibt's auch nicht. Ein Mensch, in dem eine Seele steckt, hat Gott in sich, mein Junge. Du brauchst's nicht zu glauben, wenn du nicht willst; kratz allen Glauben aus dir raus – hilft nichts, auch in dir ist er drin. Nicht oben im Himmel. Und er segnet dich und beschützt dich und weist dir den rechten Weg. Und noch mehr tut er: hält das Menschliche in dir wert und teuer. Damit du als Mensch geboren wirst und Mensch bleibst. Damit du Güte in dir trägst. Wer aber die Seele aus sich rausgeätzt hat, der ist kein Mensch mehr, wird nie mehr einer! Der schreckt vor nichts mehr zurück, der blickt sich nicht mal um. Wie viele von euch haben ihre Seele total weggeschmissen, na, ohne die lebt sich's ja auch einfacher. Frei von Gepäck können sie vorwärts eilen. Was genehm ist, wird einfach gemacht. Nichts tut innerlich mehr weh. Und keiner verlangt Rede und Antwort. Du sagst, Maschinen, dass Maschinen für euch die Arbeit machen. Irr dich man nicht. Längst schon werken die nicht mehr für euch, ihr werkt für sie […]« (a.a.O., S. 176f.)

Jesus schärft uns über die Zeiten und Systeme hinweg ein: »Was hülfe es dem Menschen, wenn er die ganze Welt gewönne und nähme doch Schaden an seiner Seele?« (Mt 16,26)

Eingreifen und tun, was recht ist

»Zur Freiheit hat uns Christus befreit! So steht nun fest und lasst euch nicht wieder das Joch der Knechtschaft auflegen!« (Gal 5,1) Freiheit bewährt sich in der Bindung an den anderen: aus Freiheit, aus Einsicht, aus Mitgefühl, aus Verantwortung. Dazu gehört aufklärerischer Mut, sich ohne Anleitung eines anderen seines eigenen Verstandes zu bedienen. Das ist schön und schwer. Der Wunsch, frei sein zu wollen, und der entgegengesetzte Wunsch, keinesfalls frei sein zu wollen und alles selber entscheiden zu müssen, halten sich die Waage. Sich anlehnen, gehorsam sein, Normen genügen, Aufträge erfüllen, nichts auf die eigene Kappe nehmen, nicht selber verantwortlich sein oder verantwortlich gemacht werden – das widersteht dem Angebot und den Forderungen der Freiheit. Es ist so bequem, unmündig zu sein. Aber auch: Es ist so wunderbar, frei zu sein, selbstbestimmt zu leben, den so schmerzhaften wie wunderbaren aufrechten Gang zu trainieren.

In dem Maße, in dem ich in meinem schwer wägbaren Tun und Lassen *Gottes* gewiss werde, werde ich auch *selbst*gewiss, also meiner selbst in meiner Einmaligkeit gewiss – ohne dass ich damit den Widersprüchen meiner selbst und meiner Zeit enthoben wäre. Keiner braucht sich zu brüsten, keiner soll sich zermartern. Jeder soll mit seiner Fähigkeit und Kraft, mit seinen Gaben das Seine in wechselnden konkreten Situationen tun. Sich dessen gewiss sein, dass das, was du tust, nur »recht und billig« ist, und dass es mit *Prinzipien* übereinstimmt, die du für richtig und wichtig hältst. Dir die Freiheit zu nehmen, danach zu handeln, selbst wenn das Unfreiheit, gar ein Leben hinter Mauern oder Gittern bedeuten kann – das ist es, was ein »gewisses Gewissen« ausmacht: mit Existenzangst, Sinnzweifel und ohne Erfolgszwang leben und lieben, widerstehen und beistehen, schweigen und schreien, disputieren und beten, befreit singen und befreiend, ja entlastend klagen.

Sich ein Gewissen machen und zu fragen, was wir in der Vergangenheit unterlassen haben und was wir der Zukunft antun – was wir zulassen an unglaublichem Elend und an unglaublichem Reichtum. Was ist das für eine Welt, in der immer weniger Menschen arbeiten, stattdessen immer mehr – und sei es inzwischen fiktives – Geld »arbeitet«, aber wenige davon etwas haben? Was ist das für eine Welt, in der täglich etwa 100 Arten aussterben und für immer von unserem blauen Planeten verschwinden? Was ist das für eine Welt, in der immer mehr fast alles wissen können, aber immer weniger wissen, worauf es ankommt?

In der Krypta der Konstanzer Konzilskirche findet sich eine große golden-kupferne Majestas-Domini Darstellung Jesu: Mit der Rechten eine Richtergeste, in der Linken ein Buch mit dem hervorgehobenen Text: »Kommt her zu mir alle, die ihr belastet seid. Ich will euch erquicken.«

In dieser Spannung leben Christen: zwischen Einschärfung und Einladung. In ihr öffnet sich der Weg zu Mut und Sachlichkeit, zu klarer Orientierung und barmherziger Zuwendung für ein Leben in der einen, so zerrissenen Welt, in der es gilt, die Ressourcen, die materiellen und kulturellen Reichtümer, die Arbeit, das Wasser, das Wohnen zu teilen. Es ist nur gerecht, wenn alle an dem wunderbaren Reichtum des Lebens teilhaben, wenn jeder zu seiner spezifischen Selbstentfaltung kommen kann und spürt, dass er und sie mit seinen und ihren Gaben gebraucht, ge- und beachtet wird.

Beharrlich werden Christen mit anderen zusammen darum zu kämpfen haben, dass unser Gemeinwesen weiter für das *gleiche* Recht auf Bildung, Gesundheit und Sicherheit sorgt. Wenn es uns um die Achtung der *Würde* jedes Menschen geht, dann gehört dazu die Solidarität der Stärkeren mit den Schwächeren. Solidarität, das ist nicht nur die Solidarität der Schwachen mit den Schwachen bzw. der Starken mit den Starken, sondern vor allem der Stärkeren mit den Schwächeren, damit es zu mehr Belastungsgerechtigkeit kommt. Dafür zu kämpfen, ist eine so *persönliche* Aufgabe für jeden Einzelnen, wie es eine *politische* Aufgabe für jeden wird, der sich gesellschaftlich engagiert.

Wir brauchen wieder etwas von jenem Schiller'schen Pathos, das aus seinem Gedicht »Die Worte des Glaubens« herüberweht:

> Der Mensch ist frei geschaffen, ist frei,
> und würd' er in Ketten geboren [...].

Freiheitsmut kann und muss ein Einzelner im Konfliktfall *aufbringen,* will er vor *sich selber,* vor *Gott* und vor den *anderen* bestehen. Darum: *Denkt*, was ihr wollt, aber denkt. *Glaubt*, was ihr für glaubwürdig und wahr haltet, aber bleibt kritisch. Seid *frei*! Aber wisst, wozu! *Habt teil* an der Wahrheit. Aber denkt nie, dass ihr sie besitzt.

Und lebt so in Christus, dass er euch im Innersten ergreift und zum Äußersten befähigt. Habt teil an der Weite des Herzens Jesu Christi. Und übt unverdrossen versöhnte Vielfalt ein – zwischen Katholiken, Reformierten, Orthodoxen, Lutherischen, Freikirchlichen.

Die Botschaft für Christen heute: *Sucht und findet* tägliche Gewissheit, die über den Tag hinausreicht.

Den Weg des Friedens gehen

Friedensvisionen lenken nicht ab von der Welt, in der wir leben, sondern geben Richtung und Kraft für alle, die eine andere Welt unverdrossen für möglich halten. Für notwendig ohnehin. Darum geht es also: nicht mehr lernen, Krieg zu führen, sondern *lernen, in Frieden zu leben* und die Konversion endgültig machen.

Obwohl es schon dreißig Jahre her ist, bleibt mir doch in besonderer Erinnerung, was wir im September 1983 auf dem Lutherhof in Wittenberg unter dem Jubel vieler hundert junger Menschen erlebt haben. Ein Schwert wurde zu einer Pflugschar umgeschmiedet. Dazu wurde geklatscht, gesungen, gebetet. Man hielt den Atem an. Ein *Zeichen*. Es war von den Staatsorganen verboten worden. Aber wir zeigten in aller Öffentlichkeit an einem nächtlichen Feuer, wie man es macht: dass ein Schwert, das Tod bringt, zu einer Pflugschar wird, die Brot bringt. Das Problem ist nach über dreißig Jahren nicht erledigt. Im Gegenteil.

Die Real-Utopie: Von unserem deutschen Land und unserem geschundenen europäischen Kontinent soll nie wieder Krieg ausgehen. Wir leben in einem vereinigten Europa, das mörderischste, schmerzlichste Kriege hinter sich hat. Krieg soll der Vergangenheit angehören. Aber die Einheit wird in dem Maße fragil, wie die Solidarität aller mit allen zugunsten der nationalen Belange aufgekündigt wird. Trotzdem dürfen wir die Vision nicht aufgeben, ein offener Kontinent für Menschen zu werden, die aus Angst und Not bei uns Zuflucht suchen und ein neues Zuhause finden. Das ist nicht leicht, aber möglich. Friedliche Konfliktregelung soll gelten für alle Konfliktherde auf der Welt. Der Krieg ist nicht mehr »Vater aller Dinge«, sondern der Frieden wird Bedingung allen Lebens! Die wertvollen Rohstoffe werden nicht mehr vergeudet für Instrumente, die den Boden mit Blut tränken, sondern alles wird dazu dienen, dass Getreide aus der Erde wächst und alle zu essen haben.

Ebenso sollen die Winzermesser immer Winzermesser bleiben, die Reben schneiden, und nicht zu Spießen geschmiedet werden, die den Feinden in den Leib gerammt werden. Brot statt Tod und Wein statt Blut! Brot und Wein werden geheiligt. Genau daran knüpft unser christliches Abendmahl, die heilige Eucharistie an. Jesus – mitten in der Machtwelt des Imperators und seiner Vasallen, in der Verratswelt des Judas und seiner Hintermänner – nimmt Brot, dankt, bricht und verteilt es, nimmt den Wein, dankt und teilt ihn aus. »Für Euch!«, sagt er. Das ganz Natürliche – das, was Hunger und Durst stillt und zugleich Freude macht – wird zum Geheiligten, im miteinander geteilten Brot und Wein.

Es ist ein bleibend sprechendes Symbol, dass die Skulptur mit dem Schmied, der eine Pflugschar aus einem Schwert formt, in New York vor dem UNO-Gebäude steht, von der damaligen Sowjetunion gestiftet. Mit einem Bibelwort!

Diese prophetische Vision erweist sich 2016 wieder umso dringlicher für unsere zerrissene Welt, da die UNO geradezu hilflos den Bürgerkriegen, den gnadenlosen, fanatischen Verbrechern des sogenannten IS gegenübersteht, da sowohl die Furien des Nationalismus – selbst in Europa! – und religiös firmierter Terrorismus wieder aufleben und weltweit nackte Angst und blanken Schrecken verbreiten. Eine kaum beherrschbare Völkerwanderung hat eingesetzt und hat das Zeug dazu, zum Sprengsatz für das vereinte Europa zu werden.

Peacemaker sind keine Stubenhocker, keine Helden des feigen Rückzugs, sondern Menschen, die die Tapferkeit der Zivilität einüben. Sie setzen alles Geschick und alle politische Nüchternheit daran, rechtzeitig Kriegsursachen auszuräumen, statt nur im Nachhinein den Schutt wegzuräumen. Denn: So wie der Krieg sich im Herzen meines Feindes eingenistet hat, so beginnt auch der Friede im Herzen meines Feindes. Er beginnt in meinem Herzen, indem ich – mühsam! – verstehen lerne, warum der andere so von Hass erfüllt ist und was ich tun kann, damit Hass müde wird und ich mich nicht selber vom Hass auffressen lasse.

Man muss immer auch nach Strukturen, nach Interessen und nach Macht- und Einflusszonen fragen. Wer sich die Frage nach dem Feind, den Feindbildern und der mühsamen Versöhnung stellt, muss wissen, dass individual-psychologische, ethische, kommunikative, strukturelle und machtpolitische Aspekte immer unentwirrbar ineinander verwoben sind. Das Einander-leben-Lassen nach Rechtsnormen ist das Mindeste, was wir den Menschen schuldig bleiben – notfalls mit der Härte des Gesetzes, mit Anklagen vor dem Internationalen Gerichtshof. Aus dieser Erkenntnis heraus wurde die UNO nach 1945 gegründet.

Frieden verkündigen, nicht den Krieg erklären, das heißt konkret: Gutes sagen. Freude bringen. Schalom verbreiten. Eine friedliche Atmosphäre ausstrahlen und verbreiten. Konflikte beharrlich bearbeiten und die Ursachen ausräumen. Den Schalom als umfassendes Heilsein genießen. *Schalom* meint Glück, Wohlergehen, Harmonie, Gerechtigkeit. Und Frieden, das ist weit mehr als die Abwesenheit von Krieg.

Wo aber ist der Weg zum Frieden? Einen Weg zum Frieden gibt es nicht, es sei denn, der Frieden ist der Weg. Und doch: Es gibt Sackgassen, Scheitern und Hineingezogen-Werden in Abwehr, Hass, Gewalttätigkeit, bis es zum Krieg kommt. Im Konfliktfall können wir unversehens in Front- und Rachegedanken zurückgeworfen werden, bis der Hass uns völlig in Besitz nimmt und sein gegenseitig zerstörerisch-mörderisches Werk tut, das keinem vernünftigen Argument mehr zugänglich ist. Frieden, das ist Fülle des Lebens. Das heißt auch, dem Bösen entgegenzutreten, ohne selber böse zu werden.

Bert Brecht hat 1938 in seinem Gedicht »An die Nachgeborenen« geschrieben, dass er wohl auch gerne weise wäre und Böses mit Gutem vergelten wolle (ein Verweis auf Röm 12,17–21), und dass er auch wisse, dass der Hass auf die Niedrigkeit die Züge verzerre. Und der Dichter, der den Boden bereiten wollte für Freundlichkeit, konnte selber nicht freundlich sein. Dieses Nicht-freundlich-sein-Können empfindet er als Bruch, ja auch als Schuld und bittet um Nachsicht. Vor allem anderen sei etwas dafür zu tun, dass der Boden bereitet werde für Freundlichkeit. Dazu braucht es Mut, viel Mut, auch gegenüber sich selbst und Freunden. Das haben die großen »Liebesprediger« von Sokrates bis Jesus, Gandhi und King besonders drastisch erfahren und mit dem Leben bezahlen müssen. Sie wussten nur zu gut, was Feindschaft und Hass bedeuten, und sie wollten die Läuterung des Feindes auch durch die Wirkung des eigenen Beispiels, nicht zuletzt durch die eigene Läuterung erreichen.

Gewalt gegen Gewalt ist nie eine Lösung, sondern nur Ausdruck eines Scheiterns. Es gibt keinen Frieden als Endpunkt – »Frieden ist der Weg«, sagte Gandhi. Das könnte Jesus gesagt haben. *Jedenfalls* ist es uns gesagt. Wer Frieden *machen* will, muss selber friedfertig *sein*. Dafür bedarf es großer Durchhaltekraft. Deshalb einige Merksätze für *Menschen des Friedens* zum täglichen Gebrauch:

Friede beginnt in dir, mit dir, zwischen dir und den anderen: deinen Feinden *und* deinen Freunden.

Mit all deinem Tun und Unterlassen versuche so zu leben, dass auch andere Menschen würdig leben können. Neben dir, fern von dir, nach dir.

Suche Menschen, die du verstehst und von denen du verstanden wirst. Dort findest du Heimat.

Suche Kontakt zu denen, die dir fremd oder feind sind. Vermeide alle Abwertungen und lerne alle achten, weil du doch weißt, dass die Würde des Menschen unantastbar sein muss – dir und allen zugute.

Wo du selber deine Angst überwindest, musst du anderen keine Angst mehr machen.

Inmitten der Gewalt-Welt suche beharrlich kluge Alternativen zum Gegenschlag. Dazu brauchst du viel Mut, der dir zuwächst, wo du dich traust und wirklich etwas wagst.

An dir selbst wirst du Spannungen, Konflikte, Widersprüche spüren. Sieh zu, dass du sie nicht auf andere überträgst. Trainiere deshalb die *Tapferkeit vor dem Freund*, die Courage im zivilen Leben – mit dem Wagnis, auch allein zu stehen.

Wo du aufrecht lebst und vor dir selbst bestehen kannst, deine Niederlangen und deine Schuld einzugestehen lernst, wirst du dich stark fühlen und deinen Weg aufrecht gehen können – voll Vertrauen, ohne Hochmut.

Deine Fähigkeiten und Kräfte setze für eine Gesellschaft ein, in der der Mensch dem Menschen ein Helfer sei.

Je friedfertiger du bist, desto besser gelingt es dir, Frieden zu stiften. Der kleine Frieden ist auf den großen aus, und der große Frieden braucht den kleinen. Der Friede braucht dich.

Lass dich – mitten in der Welt zerstörerischer Überlegenheitslogiken und alltäglich zermürbender Konkurrenzen – zur Vernunft des Friedens bringen und den Frieden besingend erbitten, der »höher ist als alle Vernunft«.

Wichtig bleibt, entschlossen präventiv zu wirken, eigene *innere* Abgründe auszuloten und sich nicht in sie stürzen. Zur Reife kommen und im *Äußeren* alles nur Mögliche dafür tun, dass die Gewalt uns nicht in die Hassspirale reißt. Wenn uns das Unglück erst ereilt, sind wir schnell alle miteinander verloren. Wenn der Feind oder der Gegner aber spürt, dass er nicht abgewertet oder gehasst wird, werden ihm seine Würde und sein Selbstbewusstsein zurückgegeben, bis sich Kontrahenten nicht mehr über Feindschaft definieren, sondern über wechselseitige Interessen und zivile Konkurrenzen, die den jeweils anderen leben lassen. Jeder, der sich als Gehasster empfindet, steht vor der niemals leichten Herausforderung, sich dem Zurück-Hassen zu entziehen.

Das bedeutet in globaler Perspektive: Intensive Bemühung um eine internationale Rechtsprechung und darum, dass alle Völker zusammenkommen, sich auf Friedfertigkeit einigen, *gemeinsame* Sicherheit auf dieser *einen* Welt suchen. Das Recht soll stark sein, nicht der Stärkere soll sich das Recht nehmen.

Für jeden persönlich heißt es: Die Devise möge stets »Gemeinsame Sicherheit« lauten, wenn wirklich Friede werden soll. Der Prophet Jesaja hat mit bitteren Worten beklagt, wie häufig die Führer der Völker verblendet sind und wie oft Völker sich verblenden lassen. Darauf bauen, dass Wandel, dass Einsicht möglich ist! Sie beginnt bei jedem, und sie betrifft jeden. Wir alle können Zeichen des Friedens setzen, zu Zeugen des Friedens werden.

Frieden braucht Menschen, die sich nicht von Hass und Abwertung anstecken, sich nicht von Verbitterung und Enttäuschung treiben lassen. In diesem Sinn schärft Martin Luther ein: »Wer zwei Kühe hat, soll die eine darum geben, nur dass der Friede erhalten werde. Es ist besser, eine in gutem Frieden als zwei im Krieg zu besitzen. Der Friede kann dir helfen, dass dir ein Bissen trockenen Brots wie Zucker schmeckt und ein Trunk Wasser wie Malvasier.« (Luther WA Bd. 44, S. 784)

Ganz alltäglich wird das Glück des Lebens im Frieden elementar mit Herzen, Mund und Händen erfahren: Frieden ist ein Tätigkeitswort – im Vollzug des Lebens.

Frieden – das ist
der Kuss der Welt
das Stillen des Kindes
das Backen des Brotes
das Forschen an einer Umwelttechnologie
das Streicheln eines Kätzchens
das Schreiben eines Gedichts
das Spazieren an der Elbe
das Versunkensein im Gebet
das Summen eines Liedes
das Lenken eines Fuhrwerks
das Blühen des Apfelbaumes
das Schlichten eines Streits
das Dach über dem Kopf
das Blinzeln in die Sonne
das Gesumm der Bienen

das Sausen der Windböen
das Schwimmen durch den Fluss
das Gewinnen einer Erkenntnis
das Finden eines Impfstoffs
das Zapfen eines Bieres
das Retten einer Allee
das Erreichen eines Kompromisses
das Stillewerden bei Arvo Pärt
das Keltern des Weins
das Blühen des Schlehenstrauches
das Flügelschlagen der Schwäne
das Läuten der Glocken am Sonnabend
das Hingehen in Frieden

Nochmals führt mich die Erinnerung in den Wittenberger Lutherhof. Während unserer Schmiedeliturgie betete mit hunderten Jugendlichen ein Gast aus Simbabwe, anrührend, Frieden und Gerechtigkeit in *einem* preisend und erflehend.

Wir preisen dich, Heiliger Geist,
unser Anwalt und Tröster.
Hilf uns, zum Leben Ja zu sagen
inmitten des Todes.

Umdenken und umsteuern

Streben nach Gerechtigkeit ist eine Haltung, die nötig ist, um die Zukunft der Welt menschenwürdig zu gestalten. Wir brauchen eine Haltung, die puren Egoismus verhindert, die materialistische Gier nicht legitimiert und Verantwortung für die künftigen Generationen übernimmt. Das meint nicht nur Einzelne. Es hat auch Konsequenzen für die institutionelle Ordnung. Denn die Eigentumsfrage ist die Achillesferse jedes politischen und ökonomischen Systems. In globaler Perspektive ist die Verfügungsmacht über die Güter der Erde sowie über die erarbeiteten Reichtümer durch den Sozialstaat und dessen Rechte und Regeln zurückzugewinnen. Eine ungeheure Transformation steht an, wollen wir als Weltgemeinschaft nicht Ungeheures anrichten und erleiden.

Die rücksichtslose Verfügungsgewalt über das Eigentum durch diverse Mega-Konzerne löst mehr und mehr kritisches Nachdenken über die individuelle, kollektive und strukturelle Gier aus, die den einzelnen Menschen und sodann ganze Gesellschaften ergreift und betört. Unstillbare Gier hat inzwischen ihren Radius äußerst weit ausgedehnt. Besonders Super-Reiche drohen etwas zu verlieren, was sie selber gar nicht brauchen, beziehungsweise gar nicht besitzen dürfen. Unter den Bedingungen von moderner Demokratie und modernem Rechtsstaat ist konsequent zu fragen: Wer verfügt über wie viel? Und welcher Besitz hat welche politischen, rechtlichen, ökonomischen, ökologischen, psychologischen, militärischen Folgen? Die Kapitalakkumulation hat die kritische Grenze nicht nur längst überschritten – sie geht mit Riesenschritten weiter, solange die weltpolitisch potenten Staaten des Westens plus Japan nun als mächtige Konkurrenten den sogenannten BRICS-Staaten gegenüberstehen und im Wettlauf um die ganze Welt meinen, alle Naturreichtümer straflos ausbeuten, ausschürfen, auslaugen zu dürfen.

Zukunftshoffnung gibt es nicht mehr ohne Kapitalismuskritik, die durchaus an den Systemgrundlagen rüttelt. Der Verteilungskampf über *alle* Güter der Erde tobt gnaden- und gewissenlos, ganz offen klafft der Widerspruch zwischen dem grassierenden Hunger der einen und dem unsäglichen Reichtum der anderen. Das ist eine der Ursachen für die gegenwärtigen Bürgerkriege, für die Flüchtlingswellen, einschließlich der bedrohlichen ökologischen Dauererfolgen zu Lande, zu Wasser und in der Luft. Das Zeitfenster für Lösungen schließt sich jeden Tag mehr. An den Schaltstellen der Verfügungsmacht über die Reichtümer der Welt sitzen ungerührt die Reichen, die Vermögenden, während andere nach folgenreicher und folgenschwerer Umkehr rufen, flehen, schreien. Uns allen ist grundlegendes Umdenken zugemutet. Es ist nicht ausgeschlossen, dass wir diese Freiheit sehenden Auges verspielen – eine mutige Freiheit zum Umsteuern aus Einsicht. Bereits 1979 hatte die von der UNO einberufene Nord-Süd-Kommission einen Bericht unter dem Titel »Das Überleben sichern« unter Leitung von Willy Brandt vorgelegt. Dem folgte 1979 der sogenannte Palme-Bericht mit dem Titel »Gemeinsame Sicherheit«, und schließlich wurde 1987 der Kommissionsbericht unter dem Titel »Unsere gemeinsame Zukunft«, der sogenannten Brundtland-Bericht vorgelegt.

Darin hieß es: »Nachhaltige Entwicklung ist eine Entwicklung, die die Lebensqualität der gegenwärtigen Generation sichert und gleichzeitig zukünftigen Generationen die Wahlmöglichkeit zur Gestaltung ihres Lebens erhält [...] Die Lebensweise in den Industrieländern ist durch hohen Konsum, hohe Ressourcennutzung, hohen Energieverbrauch, hohes Verkehrsaufkommen und hohe – teilweise giftige – Abfallmengen geprägt. Das Prinzip der nachhaltigen Entwicklung stellt die engen Beziehungen, die zwischen Lebensstil, Umweltqualität und einer gerechten Verteilung der Ressourcen bestehen, in den Vordergrund. Eine Bildung für nachhaltige Entwicklung muss daher an den derzeitigen Lebensstilen unserer Gesellschaft anknüpfen. Querschnittsthemen wie Fragen des Klimawandels, des Umgangs mit der Ressource Wasser, oder auch Energiefragen sind in diesem Zusammenhang genauso relevant wie die Frage nach einer inter- und intragenerationellen Gerechtigkeit.« Wie hell- und klarsichtig 1987!

Demnach braucht eine dauerhafte Entwicklung ein qualitativ gesteuertes Wachstum, das die begrenzten Naturressourcen respektiert, das also Luft, Gewässer, Wälder und Böden lebendig erhält.

Es geht also um eine Eigentumsordnung in einer Welt der Eigentumsunordnung. Den Reichtum dieser Welt gerechter zu verteilen, ist Kernaufgabe einer sozialen und ökologisch verantwortlichen Ökonomie. Was sich Weltwirtschaftsordnung nennt, ist in Wahrheit eine Weltwirtschaftsunordnung. Wenn es denn eine Lösung doch noch geben *sollte,* geben *könnte,* dann als ein weltweiter Druck »von unten«, verbunden mit der politischen Einsicht »von oben«. Das alles braucht eine längerfristige Kampagne, die darauf abzielt, Mehrheiten für schwierige, schmerzliche Einschnitte in gewohnte bequeme Lebensvollzüge zu gewinnen.

Um das Bewusstsein für die Notwendigkeiten anderer Ess-Gewohnheiten geht es, denn eine der effizienten Produktion unterworfene Kreatur schreit zum Himmel. Auch in Deutschland muss man trotz der wachsenden Zahl bewusster Vegetarier –

besonders unter Jugendlichen – von einer Fleischfresser-Gesellschaft sprechen. Deutschland subventioniert die Schweinefleischproduktion, steigert unablässig den die einheimische Landwirtschaft niederkonkurrierenden Export nach Afrika und exportiert auch in das Reich der Mitte (beispielsweise ca. 180 000 Tonnen im Jahre 2015). Für ein Kilogramm Schweinefleisch werden nach Angaben der Vereinigung für Gewässerschutz e.V. 5966 Liter Wasser ge- und verbraucht, für 1 Kilogramm Rindfleisch 15 415 Liter. Wer kommt für die Langzeitfolgen der ständig steigenden Gülleausbringung auf die Ackerböden, besonders für den Nitratgehalt des Grundwassers auf?

Wir leben auf Pump. Wann wird aus solcher Einsicht anderes Verhalten? Der Apostel Paulus hat das theologisch-anthropologisch-ethische Problem benannt. »Wollen habe ich wohl, aber das Gute vollbringen kann ich nicht. Denn das Gute, das ich will, das tue ich nicht […].« (Vgl. Röm 7,14‒25) Dieser tiefe, in uns wohnende Konflikt ist übertragbar auf unsere Weltgesellschaft: Wir wissen, was auf dem Spiel steht, wir wissen, was »eigentlich« besser wäre, aber es fehlt an Wille und Kraft. Doch der Geist – fährt der Apostel fort – hilft unserer Schwachheit auf. »Wir sind wohl gerettet, doch auf Hoffnung. Die Hoffnung aber, die man sieht, ist nicht Hoffnung.« (Röm 8,24)

Einfach dankbar sein

Wir leben in unseren westlichen Gesellschaften in einem Klima des Anspruchs, in dem Dankbarkeit mehr und mehr zu einem Fremdwort wird. Aber ohne Dankbarkeit wird einem niemals der wahre Reichtum des Lebens im ganz Alltäglichen zuteil. Dankbarkeit ist eine einfache Haltung, die innere Kraft verleiht, die in sich schon Lebensfreude und Lebendigkeit bedeutet, aber auch dazu motiviert, Widrigkeiten als »Gelegenheit« zu nutzen, etwas zum Positiven hin zu verändern. Dankbarkeit hilft, sich dem Leben zu öffnen. Einfach *leben* und *einfach* leben. Nicht jämmerlich karg, sondern in bewusster Einschränkung, die auf das Teilen mit anderen aus ist, die es schwerer haben. Wer sich zumutet, die Wasserstandsmeldungen der Sintflut täglich zu lesen (also die Naturkatastrophen aufgrund des sogenannten Klimawandels, die Folgen der Rodung von Urwäldern, die beginnenden Cyber-Kriege, die fortschreitende Selbstverblödung durch grenzenlose mediale Freiheit, der weitere Bau von Kernkraftwerken weltweit, die Gefährdung selbst unserer Ozeane), der braucht innere Stärke, Widerstandskraft, Stehvermögen, Hörbereitschaft – ohne zu resignieren. Er braucht Motivationskraft, um weiter an das glauben zu können, was sich nicht rechnet, aber auszahlt, braucht innere Widerstandskraft im Äußersten: »Wer spricht vom Siegen? Überstehen ist alles!« (Rilke) Gerade der Engagierte braucht Gelassenheit – nicht als Gleichgültigkeit und Rückzug, sondern als durchgehaltene Widerständigkeit. Mit dem Engagement möge die Demut korrespondieren. Das verhindert Selbstgerechtigkeit.

Wie das alles mit Dankbarkeit zusammenhängt? Wer bei aller Klarsicht dankbar sein kann für das, was er hat, wird durch eben diese Dankbarkeit reicher, ebenso wie derjenige ärmer wird, der alles krampfhaft festhält, was er besitzt, oder nur darauf sieht, ob andere »mehr haben«. Wer dankbar ist, braucht nicht anzuhäufen, was er eigentlich nicht benötigt. Wissenschaftler beobachteten laut Süddeutscher Zeitung vom 24. 11. 2015, dass Wohlhabende mit höherer Wahrscheinlichkeit Verkehrsregeln missachten und dabei Fußgänger gefährden, dass der Reichtum das Mitgefühl für Krebspatienten mindert und auch die Bereitschaft reduziert, Menschen in Not zu unterstützen. Geld schlägt auf die Moral – ist das so? Wohlhabende werden erst durch Ungleichheit zu Egoisten. Ungleichheit steigert bei Privilegierten offenbar das Gefühl, selbst bedeutend und ganz besonders zu sein. Und das verstärke, so die Studie, bei ihnen den Eindruck, dass alles in der Welt in Ordnung sei, egal wie viel oder wie wenig das jeweils ist.

Hinweise auf solche Zusammenhänge lassen uns vermuten, dass Ungleichheit auf der einen Seite Herzenshärte und auf der anderen Seite Wut, Ohnmacht und Resignation befördert. Zugleich bleibt wahr, dass selbst das Schwere im Leben leichter ertragen wird, wenn man dankbar das annimmt, was das Leben im Individuellen, im Sozialen und im Politischen trotz allem bereithält.

Wer den ersten Blick aus dem Fenster am Morgen als etwas Beglückendes, Überraschendes, so etwas gar nicht Selbstverständliches erlebt, ist einfach reicher, genauso wie der, dem das »Guten Morgen« eines freundlich zugewandten Menschen mehr als eine Floskel bedeutet. Wer hingegen alles gleichgültig hinnimmt, alles bemäkelt und bejammert, wird vom Neid zerfressen, wird vom Slogan »Geiz ist geil« infiziert, nimmt alles mit, was er kriegen kann: die Reichen die »Absetzbarkeit« von

Steuern und das steuergünstigste »Parken« von überflüssigem Geld.

Reiche nehmen ihren Überfluss gemeinhin einfach hin, ohne sich wirklich zu fragen, ob sie das, was sie besitzen, auch verdient haben. Eine ausgleichende Steuergerechtigkeit halten sie für Abzockerei des Staates und ungerechtfertigte Abgaben an Faule. Klar: Es gibt Faule, Bequeme und Arbeitsscheue einerseits und es gibt Vermögende, die großzügig abgeben, andererseits. Ein harter Satz: Wenn es diejenigen nicht gäbe, die in der Lage sind, etwas abzugeben, wäre Armen auch nicht geholfen. (Das Gleichnis vom reichen Kornbauern oder die Erzählung »Wie viel Erde braucht der Mensch« von Leo Tolstoi sind als Mahnung an Einzelne, aber auch als Mahnung an die Menschheit zu verstehen.)

Fast alle, die wegen Modernisierungsschüben und Einsparmaßnahmen aus dem Arbeitsprozess herausgefallen und zu Bittstellern geworden sind, kaprizieren sich auf ihre persönliche materielle Sorge als die Sorge für sich selbst, ohne sich gemeinsam mit anderen den politischen und ökonomischen Voraussetzungen der Spaltung der Gesellschaft in Arme und Reiche hörbar entgegenzustellen und sich an der Suche nach einem neuen, tragfähigen Gesellschaftsvertrag zu beteiligen. Das Modell der sozialen Marktwirtschaft darf jedoch nicht zum »alten Eisen« geworfen oder dem weltweiten Neoliberalismus geopfert werden. Allerdings darf dabei das Arbeitsplatzargument nicht weiterhin gegen dringliche ökologische Herausforderungen benutzt werden.

So atomisiert sich die Not selbst, statt zum Widerstand zu werden. Ein Übriges tut die Selbstberieselung durch das, was man im Fernsehen anschaltet, statt wirklich einmal abzuschalten, um sich Wesentlichem auf eine Weise zuzuwenden, dass man seines inneren Reichtums und der Wahrheiten in der Tiefe gewahr wird. »Mensch, werde wesentlich!«, ruft uns Angelus Silesius zu.

Es wird immer glückliche und unglückliche Umstände geben, bis hin zum Glück, in einer Zeit zu leben, in der man sich des Daseins erfreuen kann, oder eben dem Unglück, in einer Zeit zu leben, in der das Dasein unerträglich genannt werden muss – und doch auch ertragen wird, weil man im Unglück auch »Glück haben« kann. Das alles nannte man früher Schicksal, gar Schicksalsergebenheit oder schlicht unverwüstliches Selbstvertrauen – verbunden mit einem unverfügbaren Gott-vertrauen.

»Gib dich zufrieden und sei stille«, galt als eine religiöse Tröstungsformel. Das ist nicht zwangsläufig eine illusionäre, duckmäuserische Zufriedenstellung, sondern eine durchaus praktikable brauchbare Lebensweisheit. Zur Lebensweisheit gehört, zu akzeptieren, dass es unüberwindbare Unterschiede zwischen Menschen gibt. Man kann diese Unterschiede graduell vermindern, sie mit Gewalt – zeitweise! – sogar überwinden. Aber meist endet das mit dem Verlust der Freiheit oder gar des Lebens all jener, die von der in solchen Gesellschaften geltenden Norm abweichen. Diktatur also.

Das belegen alle Gesellschaften, die in die Barbarei derer ausarteten, die einer gleichmacherischen Utopie einen gesellschaftlichen Leib zu geben versuchten oder ihr mörderisches Werk ideologisch, religiös oder nationalistisch begründeten und fanatisiert in vielen Varianten einer »Utopie der Säuberung« folgten. Nein, Unterschiede machen das Leben reich und fordern zur Leistungsanstrengung heraus. Eine von Problemen erlösende Lösung gibt es nicht. Die meisten Revolutionen sind daher ins Konservative zurückgedrängt worden oder haben sich im Radikalismus »der Guten« desavouiert. Widerstand *und* Ergebung sind die beiden, in Spannung zueinander stehenden Grundtugenden eines gelingenden Lebens.

Wer Verschiedenheit nicht akzeptieren will, wird seines Lebens nie froh werden. Wer Ungerechtigkeit ungerührt hinnimmt, verfehlt sein Menschsein als Mitmenschsein, als elementare gegenseitige Abhängigkeit, als elementare Hilfe, die wir Menschen einander geben und die wir voneinander erfahren und zu Recht erwarten können.

Dankbarkeit ist eine Kraft, die akzeptieren hilft. Und sie gibt zugleich Kraft, das nicht hinzunehmen, was nicht sein muss. »Widerstand und Ergebung« hat Eberhard Bethge, der Freund Dietrich Bonhoeffers als seine Lebensmaxime ausgemacht. Bonhoeffer, der unter Todesdrohung im Gefängnis saß, konnte zu Weihnachten 1943 schreiben: »Ohne jeden Vorwurf denke ich an das Vergangene und ohne Vorwurf nehme ich das Gegenwärtige hin [...] Die Dankbarkeit verwandelt die Qual der Erinnerung in eine stille Freude. Man trägt das vergangene Schöne nicht wie einen Stachel, sondern wie ein kostbares Geschenk in sich.«

Jeder Tag ist Leben, eine täglich wieder gegebene Chance. Sicher, wir sterben mitten im Leben viele Tode: der Vergeblichkeit, des Versagens, der Beziehungslosigkeit, der Öde. Aber richtig ist auch: Wir lernen im Leben zu leben. Aufzuleben.

Morgens, wenn du aufwachst, stellst du staunend fest: Ich bin da. Mit allen meinen Sinnen. Und *du* bist da. Und die Welt der vielen Farben, der betörenden Töne, der lauen Lüfte, des kalten wie des warmen Wassers, des flackernden Feuers und des berstenden Eises.

Darauf kommt es an: Jeden Tag als ganzes Leben sehen. Und jeden Tag danke sagen für jeden gelingenden Augenblick. Wo einem einzelnen Menschen oder auch einer ganzen Gesellschaft das Danken abgeht, verrohen die menschlichen Beziehungen und verflüchtigt sich das Glück. Es vermindert sich die Kraft, all dem zu Leibe zu rücken, was unglücklich macht. Nur der Glückliche kann wirklich helfen; die Dankbarkeit ist ein Kraftquell, die Unzufriedenheit produktiv zu machen. Wer, statt seine Ansprüche beständig in die Höhe zu treiben, sich begnügen kann, wird im kleinen Glück das ganz große erleben können.

Wir sind als vergängliche Menschen lebensfrohe und todesbewusste Wesen, die gerade wegen der Vergänglichkeit das Glück als Glück zu erfahren vermögen. Glück scheint auf im Genießen wie im Sich-Freimachen von den Dingen der Welt. Freiwilliges Maßhalten ist Freiheit. Dankbarkeit schützt vor unzufrieden machendem Anspruchsdenken. Im bewussten Verzicht wird Gewinn von Freiheit entdeckt.

Dann schaut man mit weniger Sorge und weniger Angst in unsere Zukunft. Dann ist Platz in unseren Herzen und in unseren Landen für Flüchtlinge, für Schutz, Brot, neue Hoffnung suchende »Migranten«.

Innere Souveränität hilft, Vorurteile abzubauen und vorurteilsfrei auf Fremde zuzugehen und Freunde in ihnen zu sehen. In der Auseinandersetzung mit anderen, uns sehr fremden Kulturen und Religionen sind wir herausgefordert, das ganz Eigene uns wieder anzueignen.

Wer nach den geistigen Ursprüngen und nach den aus menschlicher Geschichte zu beherzigenden Lehren seiner eigenen Kultur und Tradition fragt, ist nicht rückwärtsgewandt – sofern er versucht, das aufzuheben, was an bewährten Lebensweisheiten, Lebenswerten und Lebensaufgaben überliefert ist. Freilich: Auch das trägt nur den, der das Vergebliche, das Dunkle, das Schuldhafte und das Tragische nicht ausblendet und zugleich in jedem unbeschwerten Atemzug, in jedem schönen Augen-Blick, in jedem zarten Hautkontakt, in jedem gelungenen Handgriff, in jedem schmackhaften Bissen Brot das ganze Glück erlebt.

Das heißt, mitten in einem entfremdeten Leben aus zweiter Hand das Einfache, Ursprüngliche, Direkte entdecken und entfalten: Gutes, Wichtiges, Tragfähiges lernen und in den inneren Besitz aufnehmen, wobei es nicht auf die Menge ankommt, sondern auf die Qualität: Zeugnisse großer Literatur, anrührende und aufklärende Poesie, emotionenweckende, gemeinschaftsstiftende und humane Werthaltungen transportierende Lieder sowie biblische Zentraltexte und Gedichte auswendig lernen, damit wir sie mit uns und in uns tragen.

Bilder alter und neuer Kunst so lange betrachten, bis auch ihr Hintergrund erkennbar geworden ist. Endlich selbstbewusst damit Schluss machen, sich beständig den flüchtigen Fernsehbildern auszuliefern.

In den Zeilen der Dichtung aus den Jahrhunderten die Unterzeilen entdecken. In den Mythen die Geheimnisse der Welt besser verstehen lernen.

Im Gebet zu letzter Wahrhaftigkeit und vertieftem Dasein finden.

Sich »in Gott« wie in einem großen bergenden Geheimnis mit einem unergründbaren Urvertrauen aufgehoben fühlen, selbst dann, wenn man den Abgrund vor Augen hat.

Wieder anfangen, selber zu singen. In Flüssen schwimmen, oft und lange Rad fahren, viel barfuß laufen. Auch wieder Pflaumenkuchen mit Hefeteig backen und Mus rühren, Stunde um Stunde. Vögeln ein Nest bieten. Patenschaften für Bäume übernehmen. Regelmäßig lange Spaziergänge – schweigend, redend, schauend – machen. Überkommenen Worten nachhören. Das eigene Wort so lange suchen, bis es stimmt. Briefe mit der Hand schreiben.

In der alles okkupierenden Konsumkultur widerständig bleiben und ein Leben mit innerer Freiheit entwickeln. Sich freuen an dem, was man hat, statt sich im Inneren daran zu zerreiben, was man nicht besitzt. Zugleich daran mitwirken, dass die Welt nicht so (ungerecht) bleibt, wie sie ist. Die Vita *activa* bedarf einer Vita *contemplativa*! Gelassenheit wird zur Kraftquelle für das Tun. So kann im Gebrauch der Sinne Sinn erfahren werden.

Schöpferisch und eigen-willig bleiben. So raue wie schöne Einfachheit anstreben. Unter Reaktivierung aller sieben Sinne den Sinn im Leben durch (Er-)Leben erfahren; Sinn wird nur unter dem Gesichtspunkt der Ewigkeit gefunden. Sub specie aeternitatis.

Goethe schrieb: »Man sollte alle Tage wenigstens ein kleines Lied hören, ein gutes Gedicht lesen, ein treffliches Gemälde sehen und, wenn es möglich zu machen wäre, ein vernünftiges Wort sprechen.«

Einen Bissen Brot, einen einzigen, ganz lange kauen. Einen kleinen Schluck Wein über die Zunge laufen lassen. Das Geheimnis von Brot und Wein sinnlich erspüren und als Geheimnis des Glaubens erfassen. Staunen und erstaunt sein können.

Den Großeltern zuhören und fragen, fragen. Den Enkeln erzählen, erzählen.

Umarmen: einen Menschen, einen Baum, die ganze Welt.

Berge besteigen, Beeren pflücken. Anhalten. Luft holen. Sehen, was vor den Füßen liegt. Schauen in die weite Welt. Ein Blatt Papier, eine Holzplatte, ein Pferd, eine Katze, die Hand, eine Wange, das Haar streicheln. Ein Kuss, zwei Küsse. Küssen. Spüren: Ich bin da. Du bist da. Die Welt ist da. Noch bin ich da.

Ausgerechnet der sinnenbetonte römische Philosoph Epikur schreibt: »Es ist nicht möglich, genussvoll zu leben, ohne verständig und vollkommen und gerecht zu leben. Und es ist nicht möglich, verständig und vollkommen und gerecht zu leben, ohne genussvoll zu leben.«

Jeder Tag kommt ganz unschuldig daher: aus dem Dunkel des Nichts, im Zwischenraum Dämmerung, bis das Licht uns die Welt zeigt. Jeder Tag – ein unschuldiger Tag. Und er ist eine Folge des vorangegangenen, Bedingung für den folgenden.

Eins ist Tag für Tag zu lernen: Wir haben nicht die Zeit. Wir haben nur den Augenblick, der jetzt schon Vergangenheit ist, wir streifen den Augenblick auf dem Wege zum Zukünftigen.

Wieder und wieder dem illusionären Wunsch entgegentreten, die Zeit festhalten, sie beschleunigen oder sie verlängern zu wollen. Jeden Tag erneut den Versuch machen, den Fluss der Zeit zu akzeptieren, das Vorübergleiten, das Ausgleiten.

»O Lust des Beginnens«, schrieb Bert Brecht. Diese Lust jeden Morgen neu erfahren. Jeder Tag ein ganzes Leben, jeder Tag ein neues Leben.

Wer dankbar sein kann, wird nicht mehr von Ansprüchen gejagt. Er trägt einen Reichtum mit sich, den er sich in Erinnerungen vergegenwärtigt. Wer dankbar sein kann, erlebt Glück nicht bloß im Rück-Blick, sondern wird stärker, gegenwärtigem Ungemach zu widerstehen, ohne nostalgisch zu verklären.

Wer dankbar ist, kann sich mit Wenigem begnügen und ist doch immer auf mehr aus. Auf mehr Menschlichkeit – die anderen gegebene und die selber erfahrene.

Barmherzigkeit üben

Barmherzigkeit ist einer der Namen Gottes. ER ist barmherzig, geduldig, gnädig und von großer Güte. Gott ist ein Mitempfindender, ein Gott, der sich anrühren lässt. Er will uns von einer Hartherzigkeit, in die wir uns selber eingesperrt haben, freimachen. Der Glaubende lebt von dem Versprechen des Psalms 23: »Gutes und Barmherzigkeit werden mir folgen mein Leben lang und ich werde wohnen im Hause des HERRN immerdar.« (Ps 23,6)

Seine Barmherzigkeit währet immer – für und für. Aus erfahrener Barmherzigkeit erwächst gewährte Barmherzigkeit. Oder aber wir sind dem der Schalksknecht, also jenem Bediensteten des Königs vergleichbar, dem Schuld gnädig erlassen wird, der daraufhin selber gnadenlos mit seinen Mitknechten verfährt. (Mt 19,23ff.) »Mir ist Erbarmung widerfahren« heißt es lapidar im ersten Timotheusbrief (1. Tim 1,13). Aus dieser Widerfahrnis entspringt ein Lied, das mit geradezu innerlich lösender Inbrunst gesungen werden kann, wieder und wieder:

> Mir ist Erbarmung widerfahren,
> Erbarmung deren ich nicht wert.

Gott ist Liebe, in Zuwendung und Mit-Leid. Der Prophet Joel kommt zu der tröstlichen Erkenntnis:

> Denn er ist gnädig, barmherzig,
> geduldig und von großer Güte
> und es gereut ihn bald die Strafe.
> (Joel 2,13).

Der gerecht richtende Gott ist zugleich der barmherzige. Er ist die Stärke in der Not, die Quelle des Lebens und in seinem Lichte sehen wir das Licht. Dieser mitfühlsame Gott wird nicht als der angstmachende, sondern als der angstlösende Gott erfahren, bekannt und gepriesen – nicht der gestrenge und richtende, sondern der Vergebung gewährende und neues Leben ermöglichende Gott, »der dich krönet mit Gnade und Barmherzigkeit« (Ps 103,4). Die Folgerung: Wir Menschen sollten barmherzig sein, wie unser Vater barmherzig ist. (Lk 6,36)

Christsein erfüllt sich im Wesentlichen dort, wo ein Mensch sich der Kranken, der Einsamen, der Flüchtenden, der Fremdlinge, der Eingesperrten, der Hungernden annimmt, bis dahin, dass Jesus in einem seiner Endzeitgleichnisse sich selber identifiziert mit all denen, die Hilfe brauchen. Das reicht so weit, dass er, selber an das Marterkreuz genagelt, sich einem der mit ihm gekreuzigten »Kriminellen« fürbittend zuwendet.

Es geht auch für uns darum, dem uns innewohnenden Mitgefühl Raum zu geben, und das bedeutet: mit Barmherzigkeit, Mitgefühl und Sachverstand praktisch zu helfen. Es gilt, sich zugleich politisch zu engagieren für Problemlösungen, die strukturell und längerfristig wirksam sind. All denen muss geholfen werden, die ohne Hilfe anderer nicht zurechtkommen. Und allen Gefallenen, Gestrauchelten, Hilflosen, Ausgestoßenen, Verachteten ist mit Barmherzigkeit – je nach eigener Möglichkeit – zu begegnen. Darin erfüllt sich Christsein. Barmherzigkeit ersetzt nicht staatliche Fürsorge; politische Solidarität erübrigt nicht persönliche Barmherzigkeit. In seinem Leben nicht nur gut gewesen sein wollen, sondern auch eine gute Welt zu hinterlassen, hat Bert Brecht als das Vermächtnis der Heiligen Johanna der Schlachthöfe gekennzeichnet. Im Mittelpunkt seines Theaterstücks steht die sich für

Arme verzehrende kämpferische Heilsarmee-Johanna. Sie unterliegt einem moralfrei agierenden Raubtierkapitalismus. Es genügt eben nicht, die Verhältnisse umzuwerfen – wiewohl dies nötig bleibt. Es genügt nicht, nur einem Einzelnen zu helfen, wenn man die Verhältnisse so belässt, wie sind. Verachtend, knechtend und mörderisch. Also: Den Einzelnen nicht übersehen; das Ganze im Blick behalten!

Der totale sozialistische Staat sowjetischer Provenienz hielt persönliche Barmherzigkeit für etwas Kleinbürgerliches. Als der Schriftsteller Daniil Granin 1986 auf der Straße in Leningrad schwer gestürzt war, musste er fassungslos erleben, dass niemand ihm, dem arg Blutenden, zu Hilfe kam. Er schrieb 1987 einen Essay, der starke Beachtung fand und heftige Diskussionen auslöste, überschrieben mit dem schlichten Wort *Barmherzigkeit.* »Ich rutschte auf der Straße aus und fiel hin. Ich fiel unglücklich, schlimmer hätte es kaum kommen können: mit dem Gesicht auf die Bordsteinkante. Ich brach mir das Nasenbein, renkte mir den Arm aus, so dass er herabhing wie eine Peitsche. Gegen sieben Uhr abends war das. Im Stadtzentrum, auf dem Kirow-Prospekt, in der Nähe des Hauses, in dem ich wohnte. Mühsam rappelte ich mich auf, schleppte mich zum nächsten Hauseingang, versuchte das Blut mit dem Taschentuch zu stillen. Vergebens. Ich spürte den Schock, der Schmerz wurde immer stärker, ich musste rasch etwas unternehmen. Sprechen konnte ich nicht – ich hatte mir den Mund aufgeschlagen. Was tun? Ich beschloss umzukehren, nach Hause. So ging ich also los, ohne zu schwanken, glaube ich. Ich erinnere mich noch genau an diesen Weg – es mögen vierhundert Meter gewesen sein. Die Straße war voller Menschen. Mir entgegen kamen eine Frau mit einem Mädchen, ein junges Pärchen, eine ältere Frau, ein Mann, ein paar junge Burschen. Sie alle blickten mich zunächst neugierig an, dann sahen sie weg, wandten sich ab. Wenn doch wenigstens einer herangetreten wäre und sich erkundigt hätte, was mir zugestoßen sei, ob ich nicht Hilfe brauche [...] Keiner fand sich, der mir geholfen hätte [...] warum halfen sie mir nicht oder fragten nicht wenigstens, was ich habe? Ist etwa eine solche Reaktion – vorbeigehen, sich heraushalten, keine Zeit und Kraft verlieren, ›geht mich nichts an‹ – schon zu etwas ganz Normalem geworden? [...] Und in der Tat – was geht eigentlich mit uns vor? Wie haben wir es so weit gebracht, wie konnte es geschehen, dass normales Mitgefühl für den anderen sich verkehrt hat in Gleichgültigkeit und Herzlosigkeit, die nun ihrerseits zur Norm geworden sind?« (In: Sinn und Form 5/1987, S. 893)

Es war die Perestroika-Zeit. Es gab heftige öffentliche Diskussionen, auch in der DDR. Wer sind wir, wenn wir so miteinander umgehen, so vorbeisehen? (Ich selbst habe 1994 Vergleichbares nach einem schweren Sturz mit dem Fahrrad in meiner Stadt erlebt.)

Granin gründete eine Bürgerinitiative, die er »Barmherzigkeit« nannte und die sich des verschwiegenen Leidens einzelner annahm. Im Auftrag der Berliner Akademie der Künste hatte ich im Mai 1990 Daniil Granin und seine Frau in Leningrad besucht. Wir blieben einander sehr zugewandt, haben uns mehrfach getroffen, auch in Wittenberg. Bei seinem letzten Besuch 2007 legte er mir die aktuelle Situation in Russland so dar: »Es gibt viele Kinder, die auf den Straßen leben. Die karitativen Organisationen oder auch die Gruppen der Barmherzigkeit haben es schwer, da tätig zu werden. Aber der Begriff der Barmherzigkeit, das Wort ist zurückgekehrt in den Sprachgebrauch. Es war ein verbotener Begriff. Das sei eine kleinbürgerliche Ideologie, sagte man. Es habe der Staat den bedürftigen Menschen zu helfen und nicht eure Barmherzigkeit. Ich erinnere mich, was ich damals für Unannehmlichkeiten hatte nach diesem Essay. Man stand vor meinem Haus und demonstrierte, man hat dort auch Plakate aufgestellt, weil ich diese Gesellschaft der Barmherzigkeit organisiert hatte. Man sagte dann, das erniedrigt den Sowjetmenschen. Gott sei Dank hat sich das verändert. Aber ich denke, dass sich die Kirche nach wie vor zu wenig daran beteiligt. Der Staat unterstützt diese karitativen Organisationen zu wenig oder gar nicht. Es gibt sehr viel Hartherzigkeit in unserem Leben.«

Dabei tut es doch so gut, anderen gut zu sein und es macht glücklich, in eigener Not Menschen zu begegnen, die sich erbarmen. In uns wohnt eben nicht nur Mitgefühl, sondern auch eine – meist im Nachhinein klarer erkannte – unvorstellbare Herzlosigkeit und Gnadenlosigkeit. Es gab Zeiten in Deutschland, da gehörte die Barmherzigkeit überhaupt nicht in das deutsche Vokabular. Dafür aber Härte, Befehlsgehorsam, Konsequenz, (rassische) Reinheit, Gnadenlosigkeit, Selbstüberhöhung und Selbst-Ermächtigung bis hin zu unvorstellbarem Morden. Wo das Mitgefühl aussetzt, setzt die Gewalt ein.

Die Haut der Zivilisation ist dünn. Die Enthauptungsszenen des IS gehen einem ebenso nahe wie die zerfetzten Menschen in einem Park in Lahore am Ostersonntag 2016.

Die Haut der Zivilisation ist dünn, und viele Reiche neigen dazu, die Armut anderer einfach nicht an sich heranzulassen.

Aber Mitfreude und Mitleid können zusammenkommen, sich von Herzen zeigen: persönlich, spontan und augenblicklich. Persönliche Barmherzigkeit braucht zugleich die Solidarität, also die engagierte Gemeinschaft mit anderen.

Der Sozialstaat erfüllt nur so lange seine Aufgabe, wie die moralischen Parameter der Gesellschaft von Barmherzigkeit und Solidarität bestimmt werden, statt den Werten der kapitalistischen, egoistischen, neoliberalen Ideologie mit Gier, Geiz und Egomanie zu verfallen.

Der aus Argentinien stammende Papst Franziskus hat nicht zufällig den Heiligen Franziskus zu seinem Namenspatron gewählt. Ihm geht es zentral um die Barmherzigkeit. Sein soziales Engagement bleibt stets verbunden mit dem Lobpreis der ganzen Schöpfung. So hat dieser Papst für 2015/2016 ein heiliges Jahr der Barmherzigkeit ausgerufen. Sollten sich nicht evangelische und orthodoxe Christen dem anschließen und die Barmherzigkeit ein Jahr lang in den Mittelpunkt ihres Redens, Betens, Handelns stellen und sich darauf besinnen, dass Gott ein anderes Wort für Barmherzigkeit ist und Jesus die Barmherzigkeit vorgelebt und verkündet hat?

Der Evangelist der Barmherzigkeit ist Lukas. Was wäre unser Weihnachtsfest ohne die anrührende Weihnachtsgeschichte in Lukas 2, verbunden mit der Friedensbotschaft? Und ist die Adventszeit vorstellbar ohne das »Magnificat«, den Lobgesang der Maria in Lukas 1? Was wäre unsere Sozialethik ohne das Gleichnis »Vom barmherzigen Samariter« in Lukas 10? Was wüssten wir vom inneren Zusammenhang zwischen Erbarmung, Vergebung und neuer Lebenschance ohne die Gleichnisgeschichte vom liebenden Vater in Lukas 15, der seinen verlorenen, seinen gestrandeten Sohn mit Freuden wieder aufnimmt? Was wäre unsere Sozialethik ohne die Beispielgeschichte »Vom reichen Kornbauern« in Lukas 12? Damals wie heute provozierend wirkt das Einkehren Jesu bei dem verachteten Zöllner Zachäus in Lukas 19. Lukas zeichnet besondere Achtsamkeit gegenüber allen Verlorenen aus – aus Barmherzigkeit.

Einmalig unter den Evangelisten auch der Bericht von den Emmausjüngern in Lukas 24, die in ihrer Karfreitagstrauer von einem »Fremden« unterwegs getröstet werden. In ihm erkennen sie den Auferweckten, als er mit ihnen des Abends das Brot teilt, nachdem er das Dankgebet gesprochen hat.

Bis in die Endzeitgleichnisse hinein erweist sich Jesus als der Menschensohn der Barmherzigkeit. Er übt Barmherzigkeit besonders mit den Menschen, die in Not geraten sind.

Die Endzeitgleichnisse sind in gewisser Weise – zusammen mit der letzten Tischgemeinschaft am Gründonnerstag (Lk 22) und der Fußwaschung (Joh 13) – das Vermächtnis des Jesus aus Nazareth, besonders eindrücklich in Matthäus 25, wo Jesus sich ausdrücklich mit denen identifiziert, die in blanker Not vor unseren Haustüren – oder Grenzen! – stehen. »Ich bin hungrig gewesen, und ihr habt mich gespeist. Ich bin durstig gewesen, und ihr habt mich getränkt. Ich bin ein Fremdling gewesen, und ihr habt mich beherbergt. Ich bin nackt gewesen, und ihr habt mich bekleidet. Ich bin krank gewesen, und ihr habt mich besucht. Ich bin gefangen gewesen, und ihr seid zu mir gekommen.« (Mt 25,35f.) In der Gestalt der Nackten und der Fremdlinge, der Hungernden und Kranken, der Eingesperrten und Einsamen. Das Gleichnis schließt mit dem Satz: »Was ihr getan habt einem unter diesen meinen geringsten Brüdern, das habt ihr mir getan.« Darin also erfüllt sich Christsein in Jesusnähe.

Zwei Blinde folgten ihm und schrien: »Ach, du Sohn Davids, erbarme dich unser!« (Mt 9,27) Jesus ist der gottmenschliche Allerbarmer, der sich all derer erbarmt, die erbarmungswürdig und erbarmungsbedürftig sind.

Er wendet sich den Verlorenen zu, unabhängig davon, ob sie es »verdient« haben. Den Barmherzigen wird zugesprochen, dass sie selig werden und selber Barmherzigkeit erlangen werden.

Diese Welt braucht nicht so sehr Rechtgläubige als vielmehr Barmherzige. In seinem Gesprächsbuch »Der Name Gottes ist Barmherzigkeit« von 2016, hat Papst Franziskus die Barmherzigkeit in ihrer Dimension von Sündenerkenntnis und Sündenvergebung der barmherzigen Zuwendung Gottes zu uns Versagern gestellt. Auf die Frage, warum unsere Zeit gerade Barmherzigkeit brauche, antwortet er:

»Weil die Menschheit verletzt ist, ja tiefe Wunden trägt. Sie weiß nicht, wie sie diese heilen soll, oder glaubt, dass das nicht möglich sei. Und dabei geht es nicht nur um soziale Krankheiten und Menschen, die von der Armut verwundet sind, von der sozialen Ausgrenzung, von den zahllosen Formen der Sklaverei im 3. Jahrtausend. Auch der Relativismus verwundet die Menschen: Alles scheint gleich, alles scheint dasselbe zu sein. Die Menschheit braucht Barmherzigkeit. […] Heute kommt noch ein weiteres Drama hinzu, nämlich, dass wir unser Übel, unsere Sünde als unheilbar betrachten, als etwas, was weder geheilt noch vergeben werden kann. Es fehlt die konkrete Erfahrung der Barmherzigkeit. Die Verwundbarkeit unserer Zeit ist auch das: der mangelnde Glaube daran, dass es Erlösung gibt, eine Hand, die uns aufhebt, eine Umarmung, die uns rettet, uns vergibt, uns aufnimmt, uns mit unendlicher Liebe überschwemmt, geduldig und nachsichtig.« (In: Der Name Gottes ist Barmherzigkeit, S. 36f.)

Papst Franziskus hat zudem Gnade und Beichte in einen engen Zusammenhang gebracht und auch dabei das Befreiende hervorgehoben. Das Angstmachende, das Kontrollierende, das Strafende hat er theologisch und pastoral hinter sich gelassen.

Er könnte sich gewiss gut mit Martin Luther verständigen, der geschrieben hat: »Gott ist nichts anderes als bloße lautere Gnade, Gunst und Barmherzigkeit, und wer das nicht sieht, der meint, dass kein Gott sei, wie Psalm 14,1 sagt: ›Die Toren sprechen in ihrem Herzen: Es ist kein Gott‹.« (WA 10 III, 301, 6–8)

Und Papst Franziskus hat betont, wir sollen nicht richten noch verdammen, und du sollst deinem Nächsten vergeben, wenn er dir etwas angetan hat, und du sollst den Bedürftigen zu Hilfe kommen. Das bedeute das Wort Barmherzigkeit. Wir verdienen uns nicht die Gnade Gottes, sondern sie kommt uns zu – unabhängig von Verdienst und Würdigkeit. Und unsere Berufung als Christen (Priestern!) ist es, diese Gnade und Barmherzigkeit einander zuzusprechen.

Wer Papst Franziskus nicht nur hört, sondern ganz ernst nimmt, wird erkennen, wie wir Christen »im Eigentlichen« miteinander verbunden sind und wie wenig die Differenzen, die vor 500 Jahren zur Spaltung geführt haben, noch trennungsrelevant sind.

Nun kommt es darauf an, die (welt-)ökonomischen Probleme dieser Sicht noch hinzuzufügen, die Weltgerechtigkeit als mitmenschliche Barmherzigkeit zu einzuüben und ihr einen globalen politischen Leib zu geben – ganz im Sinne von Art. 14,2 des Grundgesetzes, dass »das Eigentum zugleich verpflichtet«. Dies ist eine der wichtigsten Herausforderungen für unsere ganze Welt-Gesellschaft unter dem vorherrschenden zerstörerischen Primat des Ökonomischen. Diese Wirtschaft tötet. Aber: Selig sind die Barmherzigen; denn sie werden Barmherzigkeit erlangen.(Mt 5,7)

Zu sich selber kommen

Muss einer, der anderen helfen will, bei sich selber sein? Ich denke schon. Aber wie streifen wir all das ab, was an fremden Vorstellungen von uns Besitz ergreifen will, all das Verwirrende und Verworrene? Wie gewinnen wir den Mut, zu uns selbst zu stehen? Durch Glauben? Durch Handeln? Auch das. Es gibt einen besonderen Weg, um zu sich selber zu kommen, sich zu lösen von Furcht und Schrecken, von Lärm und Getriebe. Es ist der Weg der Stille, der hilft, eins mit uns und mit der Welt zu werden.

Wer im Vollbesitz seiner fünf Sinne ist und sich das Wunder des Lebens täglich vor Augen führt, statt alles selbstverständlich zu nehmen, wer zugleich Endlichkeit und Unverfügbarkeit seines Lebens täglich vor Augen hat, der mag unablässig »Klage führen über den unabwendbaren Verlust« seiner Augen (Ingeborg Bachmann) – aber eben als einer, der das »Glück der Augen«, des Augen-Lichts und des Sonnen-Lichts bewusst als ein großes Geschenk wahrgenommen und ausgekostet hat – als etwas unendlich Kostbares, *weil* Vorübergehendes. Der junge Bert Brecht hat konstatiert: »Angesichts der Unsicherheit der Verhältnisse sitzt als letzter Gesellschafter das Nichts am Tisch«.

Und so ist christlich bestimmtes Leben eine Dennoch-Existenz, ein ständiges Sich-Wundern, dass einen die Angst doch nicht auffrisst, sondern man ohne Grund fröhlich ist. Ein berühmter mittelalterlicher Spruch drückt das so aus:

Ich bin, weiß nit wer
Ich komm, weiß nit woher
Ich geh, weiß nit wohin.
Mich wundert, dass ich fröhlich bin.

Allen Christen hat der so frohgemute, wie depressiv veranlagte Wittenberger Reformator Martin Luther die Frage ins Stammbuch geschrieben, warum sie so traurig dreinschauen würden:

> Ich bin, weiß wohl wer.
> Ich komm, weiß wohl woher.
> Ich geh, weiß wohl wohin.
> Mich wundert, dass ich traurig bin.

Jede Religion ist ein Versuch, mit der (Grund-)Angst fertigzuwerden. Glauben ist ein Grundvertrauen mitten in der Welt der Angst, ein Gewiss-Sein, dass da eine Kraft ist, die mir gut ist. Glaube ist keine Versicherung gegen die Angst, sondern ein Bestehen in der Angst. Glaube ist Zuversicht mitten in der Gefahr.

Jeder hüte sich davor, sich in seiner Angst einzurichten oder sich ohne jede Willensanstrengung auf eine Mutlosigkeit herauszureden, die einfach nur Feigheit ist. Mut braucht Mut. Mut macht Mut. Wer nichts wagt, wer sich nicht wagt, gewinnt nichts. Wer sich etwas traut, bestärkt, inspiriert und ermuntert das Zutrauen bei anderen.

Der Angst nicht das Feld überlassen! Aktivität kann als ein Bollwerk fungieren, als eine existenziell und eine sozial unabdingbare Art und Weise, der Angst durch das Kämpfen gegen die Ursachen der Ängste, der Furcht oder der Befürchtungen – zusammen mit anderen – entgegenzuwirken. Wodurch? Zum Beispiel durch eine Arbeit, in der man Sinn entdeckt und wo man durch sein Tun – auch für andere – seiner selbst gewiss wird.

Politik, wo sie menschlich ist, bedeutet ein praktisches Handeln gegen alltägliche, insbesondere gegen soziale Ängste. Sie kann das Selbstvertrauen, die Bildung, die Leistungsbereitschaft, das Urteilsvermögen und das Verantwortungsbewusstsein der Einzelnen stärken helfen. Sie kann und soll den Ursachen für Ängste auf den Grund gehen und sie durch Tun und Lassen verringern; aber die Möglichkeiten sollten freilich nicht überschätzt werden – Politik kann die existenzielle Angst nicht beseitigen. Wer illusionäre Erwartungen an »den Staat« richtet, muss unweigerlich enttäuscht werden.

Der Staat soll, kann, darf nie wieder »Gott spielen« wollen. Er wird dann stets zum Götzen, zum Ungeheuer oder zum allgegenwärtigen »Großen Bruder« im Orwell'schen Wahrheits- und Liebesministerium, ob bei der STASI, dem FSB/KGB oder bei der NSA.

Und keiner rede sich auf seine Angst heraus; keiner leugne, wie stark sie ist. Um Angst zu bestehen, brauche ich dich und wir brauchen uns. Wie sagt Rose Ausländer in ihrem Gedicht »Gemeinsam«: »Vergesset nicht / Freunde / wir reisen gemeinsam« (Im Atemhaus wohnen. Gedichte, Frankfurt a.M. S. 111)

Also bleib auf der Suche nach dem, was für dich gültig ist. Und versuche zu verstehen und zu akzeptieren, was dem anderen, auch dem dir ganz Fremden gültig und gütig erscheint. Dazu aber brauchst du eine alte, so befreiende wie schwierige Tugend: dir selbst zu eigen zu sein, bewusst über dich und deine Leidenschaften zu verfügen, aber nicht ohne Leidenschaft zu sein. Das nannten die Stoiker vor 2000 Jahren *ataraxia*: Freiwerden vom Verwirrenden und Verworrenen, sich lösen von Unruhe und Streit, Furcht und Schrecken, von Lärm und Getriebe.

So gewinnt man letztlich Klarheit. So wächst in der Stille in einem selbst etwas Wichtiges: Wir arbeiten meist an so vielem und machen uns viel – vergebliche – Mühe, stiften Unruhe noch und noch. Darüber versäumen wir die Arbeit an uns selbst, das Ausreifen unseres unverwechselbaren Selbst, das Gewinnen von unverwechselbarer Identität. Wir leiden individuell und kollektiv an einem Joch unserer Zeit: nicht mehr abschalten zu können. Immer vom Lauten umgeben zu sein, die Stille nicht mehr hören zu können. Also: Einmal nichts einschalten und ganz abschalten. Den ganzen alltäglichen »Quark«, den wir unablässig, angestrengt, hingebungs- oder gar sorgenvoll treten, hinter uns lassen.

Wenn man immer nur anschaltet, muss man zeitweise konsequentes Abschalten wieder lernen, weil man erneut lernen muss, etwas mit sich selbst anzufangen. Mancher wiederum beschäftigt sich nur noch mit sich selbst und meint, das sei schon Arbeit an sich selbst.

Sich selbst zu begegnen und sich anzunehmen macht innerlich reich und äußerlich stärker. Es erleichtert auch die Begegnung mit anderen und verbessert die Fähigkeit, selbst »Schwierige« ganz anzunehmen. Dazu braucht es Zeit, Zeit für die Selbstbesinnung. Dazu braucht es Ruhe, ja Stille, weil die Welt um uns so laut, so schnell, so schrill, so disparat ist.

Die Sehnsucht nach Stillsein wird listenreich übertönt, aber sie meldet sich wieder und wieder. Wir haben im Deutschen das treffliche Wort Nach-Denken. Nachdenken braucht Zeit und Raum, es braucht die Stille. Du brauchst Rückzug, Nachdenken, Stillwerden. Dazu gehört, sich für Unbekanntes zu öffnen, Abgründe und Ängste auszuhalten. In der Stille warten, was kommt. Kommt nichts – erschrick nur! Du erkennst, was du bist. Mancher hört freilich in sich hinein und hört nichts. Nichts. Mancher hört in sich hinein und ist entsetzt über das, was da in ihm hochkommt. Aber das gehört eben zur Katharsis: das Dunkle nicht verdrängen, sich dessen bewusst werden und es nicht beiseiteschieben. Solches Stillsein ist nicht einfach Schweigen, Stummsein, Verstummen. Es ist keine Reaktion auf den Befehl »Sei still!«, schon gar nicht meint es eisiges Schweigen.

Die Stille – sobald man sie auszuhalten gelernt hat – lässt etwas in uns wachsen. Sie wird zum Kraftquell und zur Quelle neuer Gedanken. Denn die Stille nährt und bereichert uns. In der Stille kann ich eins werden mit mir selber. Stille schützt gegen den Lärm, der uns verbraucht. Melodien und Stimmen, einzelne Verse oder Worte, die in diese Stille hineinfallen, dringen ganz in unser Inneres vor.

»Die größte Offenbarung ist die Stille«, meinte Laotse; sie brachte ihn zu den tiefgründigen Erkenntnissen über alles Leben. Und: »Durch Stillesein und Hoffen würdet ihr stark sein«, hat der Prophet Jesaja eingeschärft. (Jes 30,15) Martin Luther hat eben dieses Wort zu seiner Lebensmaxime gemacht. Eintauchen in die Stille ist ein partieller Rückzug, der Klarheit bringt, der Raum zum Justieren und zur Selbstvergewisserung bietet. Gerade dem, der an allem zweifelt und an sich zu verzweifeln droht, dem, der sich in Aktivität und Engagement verausgabt hat, begegnet im Stillesein so etwas wie ein Wunder. Und gerade der, der politisch aktiv ist und bleiben will – ohne sich zu verkrümmen oder zu verbiegen –, braucht eine beständige Selbstklärung, um nicht in unfruchtbaren Aktionismus, in Zynismus, Selbsttäuschung oder Resignation zu verfallen.

Das Gebet »als Rede meines Mundes« nennt der Psalmist »das Gespräch meines Herzens von dir« (Ps 19,15). Beten lernen als ein Befreitwerden durch ein filterloses Reden vor Gott.

Coram Deo!

Staunend leben

Kein Spruch hat recht ohne den Widerspruch. Solange man noch unglücklich sein kann, kann man doch auch noch glücklich sein. Nicht nur immer auf die Zeit nach dem Regen warten! Gibt es Schönheit nicht auch mitten im Regen? Wenn dir die Dinge über den Kopf wachsen – nimm den Weg drunter durch. Die Beunruhigung über die Welt nimmt zu, aber zum Staunen ist das Leben doch auch weiterhin.

Dauer besteht in der Gnade, Welt erschauen und in diesem Erschauen – erschauern zu können, sich geborgen zu wissen in einer fortwährenden Unstetigkeit der Wahrnehmung. Und dies Erschauern ist eine Gleichzeitigkeit von Furcht und Freude, von »Verwunderung bis zur Bestürzung«, wie es bei Petrarca heißt. Staunen ist ein Ausdruck von Glaubensfähigkeit: Glaube an eine Zeitrechnung, die nicht Sekunden summiert, sondern Erleben.

In jedem Alltag, an jedem Tag lässt sich jener untilgbare Rest an Unverhofftem entdecken, der sich den Zwängen entzieht. Wer keinen Sinn hat für die Schönheiten der Welt, der hat auch keinen Sinn für sonst etwas, schon gar nicht für den Frieden auf Erden. Aus dem Wissen darum, dass wir Geringe, Verirrte und weiter Irrende sind, sprengen wir den Kreis der isolierten Existenz und gehen aufeinander zu. Schönste Notwehr in Freiheit: ein Stück Freiheit aufzugeben für die des anderen – um selber sicherer zu werden. Wer staunen kann, wird sich ganz offen fühlen für jene Vielfalt des Lebens, die zu empfinden die erste Voraussetzung ist, sich für ihren Schutz einzusetzen. Der Staunende lebt sein Staunen und damit das Ungeschickte – jene Einfalt also, von der es einst hieß, sie sei heilig: Sancta simplicitas!

Navid Kermani überschreibt seine bilderbetrachtenden Essays »Ungläubiges Staunen. Über das Christentum« und lässt den Leser gebannt zurück. Und glaubt nicht, dass es im wörtlichen Sinne ein *un*gläubiges Staunen gibt. Da erzählt er von seiner einsamen Begeisterung in der Pariser Pinacothèque für die »Kreuztragung« von Botticelli. Jesus ist weiblich. Jesus ist schön: »Ich war allein in dem unterirdischen Raum, vierzig, fünfzig Minuten allein vor Botticellis rot leuchtendem Bild, das in der ersten Ecke gleich neben der schmalen Treppe hängt. Einmal wandte ich mich ab, um noch zu Rembrandt, Picasso und Modigliani zu kommen, drehte mich jedoch im Weggehen zurück und staunte über den kreuztragenden Jesus, denn plötzlich schien er Züge einer Frau zu haben. Ich trat wieder vors Bild, und Jesus war eindeutig ein heranreifender Mann, der Flaum natürlich, die Dornenkrone, die bei genauerem Hinsehen nicht mit Schmuck verwechselt werden konnte, männlich auch das leicht nach vorne gewölbte Kinn. Ich ging wieder zurück, rückwärts diesmal, den Blick auf die *Kreuztragung* geheftet, und Jesus verweiblichte sich nochmals, je weiter weg, desto deutlicher, bis ich fünfzehn, zwanzig Meter entfernt stand und endlich eindeutig eine leuchtend rot gekleidete Frau sah, um ihre eigene Achse tänzelnd, schwebend. Nicht zu erkennen war von weitem das Sehnsuchtsvolle oder Verlorene ihres, seines Gesichts.

Jesus ist der Liebende – nicht nur im Christentum [...].«

(Navid Kermani, Ungläubiges Staunen. Über das Christentum, München 2015, S. 48)

Mit tiefem Erstaunen werde ich erfüllt, wenn ich das lese, als ob ich selbst in Paris gewesen wäre.

Und wie viel ist zum Erstaunen: Ist es nicht verwunderlich, unbegreiflich, geheimnisvoll, erschütternd, erfreulich: Mein Herz schlägt ganz ohne mein Zutun. Der Antrieb in mir ist ganz ohne mich da. Woher kommt der Impuls und wann setzt er warum aus?

Eigentlich kann ich mir mein Dasein ebenso wenig denken wie mein Nicht-mehr-Sein. Da ist der Albtraum zu Ende geträumt und da fliegt der Alb weg und hat doch seine Spur in mir hinterlassen.

Solange du noch staunen kannst, lebst du noch. Wenn du aufhörst zu staunen, wird das Leben zu einer einzigen langen Weile. Auch wenn du dir manches – vielleicht das meiste – erklären kannst, wenn du ein Diagramm zu deuten, eine Formel anzuwenden, eine Technik zu beherrschen, eine dritte Sprache zu sprechen, ein Naturgesetz zu erkennen und zu nutzen weißt, es bleibt genug Raum zu staunen über alles, was ist und wie es ist und dass du da bist. Du wunderst dich, dass du sehen kannst.

Was ist denn das: sehen können? Schauen, blinzeln, zusehen, hinsehen, wegsehen, ansehen. Durch die Fensterscheibe sehen, durchs Mikroskop oder durchs Fernrohr. Die Augen weit aufreißen, sie sanft schließen oder blinzeln. Selig für einen Augenblick Ewigkeit deine Augen schließen. Das Gelb van Goghs sehen, das Rot Noldes, das Blau Dürers im Gewand der Maria.

Zum Sehen geboren, zum Schauen bestellt,
Dem Turme geschworen, gefällt mir die Welt. (Goethe)

Was ist das: hören können? Die leisen und die lauten Töne, die Dissonanzen und die Harmonien, das Spatzentschilpen und das Meeresrauschen. In sich hinein hören und versunken lauschen. Denk dich mal weg. Ist dann der Ton noch da? Ist er auch da, wenn ihn niemand hört oder ist er erst wirklich dadurch da, dass du ihn hörst?

Was ist das: das Schmecken? Das Süße und das Kräftige und das Würzige. Immer etwas zu kauen kriegen. Und das Salz auf deiner Haut …

Was ist das: das Einswerden mit der Geliebten, mit dem Geliebten?

Was ist das Anschmiegen des Enkelkindes für einen Moment Zärtlichkeit und Kraft, spürbare Zu-Neigung.

Von der Flüchtigkeit erschüttert sein, im Innersten beglückt werden und erfahren, dass etwas einfach verklungen ist. Wenn du sie aufgenommen und sie dich aufgerichtet hat, wieder und wieder, die 7. von Beethoven oder der Schlusssatz der 1. von Brahms. Ver-klungen: schönes deutsches Wort.

Jeden Morgen wieder staunen: Ich bin da, die Welt ist auch da.

Ich wache auf, stehe auf, öffne weit das Fenster, schau in den Himmel. Ich bin noch da. Ich bin wieder da. Ich bin neu da.

Der erste Blick aus dem Fenster am Morgen in den verhangenen, in den erleuchteten, in den verregneten und in den vernebelten Horizont.

Wieder ein Tag, wieder ein ganzes Leben – mit dem Imperativ aus dem Innen-Raum: Vertu ihn nicht! Vertu dich nicht!

Ich putze das Fenster und staune, wie klar ich wieder hindurchsehen kann. Und ich zögere, da ich entdecke, wie die Spinne ihr Netz gesponnen hat und darauf wartet, dass sich ein Insekt darin verfängt. Kunstwerk Spinnennetz. Einfach wegwischen? Nein: lassen, zuschauen. Mit dieser Spinne warten.

Sprachlos stehe ich vor dem doch eben noch üppig blühenden Kirschbaum, an dem nun schon rote, saftige Kirschen hängen und ich den Wettlauf mit den Staren aufnehme. Eine

Schnecke trägt ihr Haus, ein bunter Schmetterling umkreist meine blühenden Sommerblumen.

Auf eine ganz eigene Weise erwärmt, sitze ich mit Freunden, Kindern und Enkeln um das Holzfeuer in der Osternacht. Es leuchtet so, dass ich die Gesichter der Gegenübersitzenden leuchten sehe. Die Holzscheite verbrennen knackend. Übrig bleibt die Asche. Und unsere Erinnerung an die Lieder, die wir miteinander in die Nacht hinein gesungen haben.

> Christ ist erstanden von der Marter alle.
> Des solln wir alle froh sein,
> Christ will unser Trost sein.

Da gehe ich mit besten Freunden in die schönste Kathedrale, mit dem größten Erstaunen, der tiefsten Bewunderung, mit der Demut einer Kreatur, die ihrer Winzigkeit und ihrer Würde innewird. Hoch hinaufschauend ins Gewölbe und in den sonnenerleuchteten Ostchor mit den acht Jahrhunderte alten Glasfenstern. Da sind wir im Schweigen ganz dicht beieinander und erleben einen Moment der Ewigkeit.

Mit all seinen Sinnen mitten im Leben sein, die Sinne genießen und erleiden. Bei Sinnen sein und noch alle fünf Tassen im Schrank haben. Ist es gar der Sinn des Da-Seins, sich seiner Sinne – unmittelbar oder verfeinert – zu bedienen und zu erfreuen? Die Vergänglichkeit nicht zu übergehen, sondern stets um Frist wissen, das ist jedenfalls getröstete Lebensweisheit.

Der Staunende nimmt nichts selbstverständlich, sondern findet im Alltäglichen das Nicht-Selbstverständliche, das Wunderbare, das Staunenswerte, das Beglückende. Es geht um ein Staunen, das aktiv macht und sich nicht aufs passive »Dastehen mit offenem Mund« beschränkt, sondern intensiv leben hilft, zum Engagement motiviert, damit Staunenswertes bleibt. Sodann kann man vorleben, wie der Reichtum des zu Bestaunenden bleibt, im Einzelnen wie im Ganzen. Der Staunende zähmt seine Lebensgier, aber nicht seine Glückserwartung. Der Staunende hat seine Lebenseinstellung auf Veränderung eingestellt, weil er nicht der Illusion verfallen ist, dass viel Erleben schon schön und erfüllend sei. Das innere Bereichertsein macht reicher und der Blick auf alle die, die kaum Grund haben zu staunen, führt in die Barmherzigkeit, als deren beide Flanken Mitgefühl und Engagement zu nennen sind.

Selbst der Philosoph der Vernunft, der Freiheit, des Zielbestimmten und des Zweckmäßigen, des ethisch Zuträglichen und des praktisch Notwendigen staunt. Der so nüchterne Königsberger Weltphilosoph Immanuel Kant, der da lehrte, Verstand und Vernunft zu unterscheiden, schreibt wie verzückt: »Zwei Dinge erfüllen das Gemüt mit immer neuer und zunehmender Bewunderung und Ehrfurcht, je öfter und anhaltender sich das Nachdenken damit beschäftigt: der bestirnte Himmel über mir und das moralische Gesetz in mir. Beide darf ich nicht als in Dunkelheiten verhüllt, oder im Überschwänglichen, außer meinem Gesichtskreise, suchen und bloß vermuten; ich sehe sie vor mir und verknüpfe sie unmittelbar mit dem Bewusstsein meiner Existenz.« Dieser große Philosoph wird seiner Welt und seiner selbst inne angesichts der Ehrfurcht vor dem bestirnten Himmel über uns und der in mir selbst begründeten Ordnung der Dinge und der Beziehungen. So kann er dann auch als die letzte Bestimmung des Menschen das Reich Gottes auf Erden identifizieren.

Wenn der Mensch nur damit beschäftigt sei, seine physischen Bedürfnisse zu befriedigen, bleibe der Mensch ganz unterhalb seiner Möglichkeiten, weil er seine »vorzüglichen Fähigkeiten«, die er im Unterschied zu den anderen Geschöpfen habe, nicht ausfülle. Man beachte: Kant spricht von zunehmender, immer zunehmender Bewunderung. Also: Je mehr er erkennt, desto mehr bewundert er. Und er weiß: »Reich ist man nicht durch das, was man besitzt, sondern mehr noch durch das, was man mit Würde zu entbehren weiß.« Das schließt eine glückende Lebenseinstellung ein: immer staunen darüber, *was* ich kann oder *noch* kann oder *wieder* kann oder was ich bewundere und beglückend sehe, wie Kinder staunen können und dies überschwänglich beglückt aussprechen, so frisch zum Ausdruck bringen.

Das Lob des Lebens will gesungen werden. Und jeder Mensch kann es auf seine ganz eigene schöpferische Weise tun. Und er kann auf ganz zerstörerische Weise sich selbst verlieren. Lebenssinn erfüllt sich in den Augenblicken, in denen wir staunend vor der Welt stehen: im Ganzen und in allem Einzelnen. Staunen auch vor den dem Leben innewohnenden Gesetzen – auch in den Kreisläufen von Wärme und Kälte, von Dürre und Wolkenbrüchen, von instinktiv verwurzelten Wanderungen der Tierherden und dem Flug der großen und kleinen Vögel über tausende Kilometer.

In Jahrmillionen haben sich Lebenskreisläufe herausgebildet, die einen nur staunen lassen können: Wie die Aale oder die Lachse ihren Weg durch die Weltmeere finden, wo sie laichen und wohin sie dann an welche Mündung welchen Flusses zurückkehren und eben nicht alle zu demselben Fluss hinströmen.

Wer nicht (mehr) staunen kann, ist schon tot, mitten in den noch funktionierenden biologischen und sozialen Abläufen.

Der staunende Mensch ist hier und dann tief erschüttert, nahe am Verrücktwerden angesichts dessen, was er Großartiges erleben darf.

Da gehst du plötzlich ganz anders durch den Wald, wenn du gelesen hast, welche Geheimnisse er birgt. Der alternative Förster Peter Wohlleben zeigt, wie Bäume sich verständigen, aufmerksam aufeinander, einander warnen vor Gefahren und ihren Nachwuchs erziehen. Er macht erkennbar, wie alte Buchen durchaus fürsorglich sind. Die Wurzeln von älteren und jungen Bäumen sind miteinander verwuchert. Über dieses Wurzelsystem werden die jüngeren Bäume mit Nährstoffen versorgt. Und nur so können sie im Schattenreich überleben. Der Buchenwald entfaltet sich als ein komplexes Gemeinwesen, in dem einer den anderen vor Wind, Hitze und Krankheiten schützt. Dieser Sozialverbund tauscht fortwährend Nährlösungen und Informationen aus, um seinen Fortbestand zu sichern. Bäume kommunizieren miteinander! Und nicht nur über Düfte, sondern unterirdisch sind sie in einem Pilzsystem miteinander verbunden. Und ein einziger Teelöffel Waldboden enthält winzige Pilzfäden von mehreren Kilometern Länge. Der Wald ist also nicht nur geheimnisvoll, sondern voller Geheimnisse. Du stehst staunend vor ihnen und dich berührt es im Innersten, wenn du siehst, wie die Motorsäge gewütet hat und wie schwere Technik den Waldboden so verdichtet, dass all dies geheimnisvolle Leben erdrückt, zerrüttet wird. Und dann findest du wieder ein Waldstück, in dem du das Gefühl hast: Du betrittst heiligen Boden. Eichendorff hat den schönen grünen Wald besungen:

Du meiner Lust und Wehen
Andächt'ger Aufenthalt!

Es ist auffällig, wie viele große Naturwissenschaftler – zumal Physiker – gerade aufgrund ihres Eindringens in die Geheimnisse des kleinsten Denkbaren eine ungeheure Neugier, eine Demut und ein Staunen über das, was sie entdeckt haben, sich bewahren konnten. Ob nun Max Planck oder Niels Bohr, Werner Heisenberg oder Carl Friedrich von Weizsäcker, Max Born oder Albert Einstein. Albert Einstein meinte, dass in jedem tiefen Naturforscher eine Art religiöses Gefühl geweckt werde, weil der Wissenschaftler sich ganz und gar nicht vorstellen könne, dass das, was er erschaut hat, von ihm zum ersten Mal gedacht worden sei. Und er sieht – Kant sehr nahe – im unbegreiflichen Weltall eine sich grenzenlos überlegene Vernunft offenbaren. Wörtlich schrieb er: »Meine Religion besteht in einer demütigen Beziehung zu einer unbegrenzten geistigen Macht, die sich selbst in den kleinsten Dingen zeigt.«

Einstein war im Übrigen der Auffassung, dass das Geheimnisvolle das Schönste sei, was der Mensch erleben könne. Wer das nicht kenne und sich nicht mehr wundern, nicht mehr staunen könne, der sei sozusagen tot und sein Auge sei erloschen.

»Gottesfrage und Naturwissenschaft« hieß ein Vortrag von Carl Friedrich von Weizsäcker (1977) in dem er naturwissenschaftliche Erkenntnis und das Erleben religiöser Ehrfurcht zusammen sah: »Wenn Kepler, Einstein oder Heisenberg die wunderbare Einfachheit und Schönheit der Naturgesetze, die sie entdeckten, mit einem Erlebnis religiöser Ehrfurcht aufnahmen, so wussten sie auch methodologisch genau, was sie sagten. Der Affekt, hier die Wahrnehmung des Abgrunds einer unaussprechlichen Schönheit, war bei ihnen, wie so oft im menschlichen Leben, der Wirklichkeit näher als die begriffliche Reflexion.« (Carl Friedrich von Weizsäcker, Deutlichkeit, München 1978, S. 177)

Was moderne Physiker in ihrer Sprache sagen, hat bereits der Psalm 8 bildkräftig zum Ausdruck gebracht:

> Wenn ich sehe die Himmel, deiner Finger Werk,
> den Mond und die Sterne, die du bereitet hast:
> was ist der Mensch, dass du seiner gedenkst,
> und des Menschen Kind, dass du
> dich seiner annimmst?
> (Psalm 8,4f.)

Der kleine Mensch sieht sich vor dem unendlichen Kosmos, die sterbliche Kreatur mit Denk- und Reflexionsvermögen ist zur Arbeit fähig, weil sie aufgrund ihres aufrechten Gangs die Hände frei hat. Der große Gott nimmt sich des Winzlings an. Er wird angesehen und der erhabene Gott sieht nicht auf ihn herab, sondern lässt ihn aufsehen und staunen: Er hat am Göttlichen teil und kann sich die Welt zunutze, wenn nicht untertan machen. (Das *dominium terrae* hat eine durchaus problematische Wirkungsgeschichte, wo sich der »Herr Mensch« herrschaftlich über die Schöpfung stellt, deren Teil zu sein er nicht leugnen kann.)

Das Staunen kann einem vergehen, wenn man sieht, wie der Mensch über die Natur herrscht, ohne sie zu achten und sich in sie einzufügen. Kann Erstaunen in Erschauern überwechseln? So ist der Aralsee ausgetrocknet aufgrund gigantischer Flussumleitungen, eine ökologische Katastrophe. Oder das stolze Staudammprojekt bei Mossul kann zum Alptraum werden, wenn es in die Hände des IS gelangte, dem jede Zerstörung zuzutrauen ist.

Vieles Gewaltige lebt, und nichts
Ist gewaltiger als der Mensch.

Mit diesen Zeilen preist Sophokles in seiner Tragödie »Antigone« den Menschen mit all seiner Abgründigkeit.

Wo der Mensch nicht mehr weiß, was ihn überschreitet, verliert er sich in der Hybris seiner Macht. Nicht das Herrschen, sondern das Staunen, das Sich-Wundern und Sich-Verwundern macht das Glück des Lebens aus.

Diesen Augenblick wirst du nie vergessen, singt die Erinnerung.

Trinkt, o Augen, was die Wimper hält,
Von dem goldnen Überfluß der Welt!«

(Gottfried Keller)

Hermann Hesse schrieb gleichnishaft über Schmetterlinge und legte darin sehr poetisch den inzwischen künftig überlebenswichtigen anderen Umgang zu der uns zugehörigen Schöpfung dar, die eben nicht nur Ausbeutungsobjekt ist, indem er auf einen Vers von Goethe verweist: »Zum Erstaunen bin ich da!«,

Mit dem Erstaunen fängt es an, und mit dem Erstaunen hört es auch auf, und es ist dennoch kein vergeblicher Weg, ob ich ein Moos, einen Kristall, eine Blume, einen goldenen Käfer bewundere oder einen Wolkenhimmel, ein Meer mit den gelassenen Riesen-Atemzügen seiner Dünungen, einen Schmetterlingsflügel mit der Ordnung seiner kristallenen Rippen, dem Schnitt und den farbigen Einfassungen seiner Ränder, der vielfältigen Schrift und Ornamentik seiner Zeichnung und den unendlich, süßen, zauberhaft gehauchten Übergängen und Abtönungen der Farben –

jedesmal wenn ich mit dem Auge oder mit einem anderen Körpersinn ein Stück Natur erlebe, wenn ich von ihm angezogen und bezaubert bin und mich seinem Dasein und seiner Offenbarung für einen Augenblick öffne, dann habe ich in diesem selben Augenblick die ganze habsüchtige blinde Welt der menschlichen Notdurft vergessen, und statt zu denken oder zu befehlen, statt zu erwerben oder auszubeuten, zu bekämpfen oder zu organisieren, tue ich für diesen Augenblick nichts anderes als »erstaunen« wie Goethe, und mit diesem Erstaunen bin ich nicht nur Goethes und aller anderen Dichter und Weisen Bruder geworden, nein, ich bin auch der Bruder alles dessen, was ich bestaune und als lebendige Welt erlebe: des Falters, des Käfers, der Wolke, des Flusses und Gebirges, denn ich bin auf dem Weg des Erstaunens für einen Augenblick der Welt der Trennungen entlaufen und in die Welt der Einheit eingetreten, wo ein Ding und Geschöpf zum andern sagt: Tat twam asi. (»Das bist Du.«)

(Hermann Hesse, Schmetterlinge, Berlin 2011, S. 8f.)

Solch innere Schau, solch Reichwerden durch Wahrnehmen, solch ein Mitgefühl und solche Lebensfreude brauchen wir. Brauche ich.

Epilog

Eine Vision (1982)

Ich erinnere mich: Zu einem Stadtjugendtag wurde ich im April 1982 nach Magdeburg eingeladen und sollte vor Jugendlichen zu den ökologischen Herausforderungen einen Vortrag halten. Ich wurde darum gebeten, vor allem zu sagen, wie denn eine überlebensfähige Welt aussehen würde. Daraufhin habe ich mich entschlossen, eine Radikalkur vorzuschlagen, in einem Rousseau'schen Sinne: zurück zu mehr Unmittelbarkeit, zurück zu einer Bescheidenheit, die reich macht, zurück zur Erd- und Naturverbundenheit, weg vom Wahn der Beschleunigung, weg von der Herrschaft der Beschleunigung, die sich über alles gelegt hat, weg von der konsumistischen Verengung der Lebensperspektiven.

Dabei spielten für mich zu beobachtende Veränderungen unserer Welt eine große Rolle: die immer größere Zubetonierung des Bodens wegen des Straßenbaus, wegen der Trabantenstädte in Magdeburg, Halle oder Leipzig, bei gleichzeitigem dramatischem Verfall der alten Bausubstanz.

Hinzu kam das Nachjapsen der DDR-Führung (und des DDR-Volkes) hinter einem westlichen Wirtschaftswachstum, das allein durch Wachstum des Konsums auf Dauer nicht die wahre Lebensqualität erhöhen würde.

Ich dachte, ich würde – mit Rousseau – all diesen jungen Leuten, gleichsam spielerisch, ein Leben zumuten, das ihnen fremd vorkommen müsste. Ich wollte keineswegs »nur mal

145

provozieren«, um ein Streitgespräch vom Zaum zu brechen, sondern wollte ernsthaft dazu stehen und sagen: Dies ist so radikal formuliert, weil sich die Probleme global und lokal verschärfen – vor allem die Umweltprobleme.

Schließlich hatte ich sieben Jahre lang in Merseburg, zwischen den beiden »Chemiegiganten« Leuna und Buna, gelebt. Also fuhr ich auch mit dem Zug nach Magdeburg (dreimal umsteigen, Bummelzug). Dann zu Fuß – vom Hauptbahnhof zum Tagungsort. Die Diskussion darüber verlief zwischen Lachen und Empörung einerseits und ernsthaftem Nachfragen über Realisierungschancen andererseits.

Diese Vision 2016 wieder lesend, merke ich, wohin wir inzwischen gekommen sind: was die Versiegelung des Landes, was die Zunahme des Auto- und Flugverkehrs, was die Konsum- und Wegwerfwirtschaft anlangt, nachdem wir in »die freie Welt« übergewechselt sind. Mich hat nachhaltig geprägt, was ich bei Ivan Illich über eine Welt auf Kugellagern und im Rhythmus des Fahrrades funktionierende Welt der Naturverträglichkeit gelesen hatte. Ich habe 1982 auch der kommunistischen Konsumideologie widersprechen wollen, ganz im Sinne des jungen Karl Marx. In der zweiten Feuerbachthese spricht Marx von dem inneren Zusammenhang von Weltveränderung und Selbstveränderung. Das eine geht nicht ohne das andere.

Marx hatte überdies wiederholt darauf hingewiesen, dass wir nicht Besitzer, sondern Nutznießer der Erde mit all ihren natürlichen Gütern seien. Verbessert sollten wir den künftigen Erdenbewohnern diese von uns umgestaltete Welt hinterlassen. Das klingt heute fast wie ein Märchen. Solche Erwartungen können wir kaum noch hegen. Es geht inzwischen höchstens noch um dringlichste Schadensbegrenzung beim räuberischen Umgang mit den Schätzen der Natur, von der wir leben und nur so lange leben, wie wir uns als ihren Teil und nicht weiter anthropozentrisch als ihre Herrscher verstehen und dementsprechend kopflos handeln. Schließlich sind wir als endliche Wesen ihren Gesetzen unterworfen. Nur ein den Kriterien der Nachhaltigkeit verpflichtetes Handeln ist ein verantwortliches Handeln. Die Ideologie des Schneller, Weiter, Mehr, Billiger, Höher, Größer, Effizienter gefährdet unsere Lebensgrundlagen. Wir haben beim Gebrauch der Natur ihre Regenerationskraft zu nutzen und nicht zu überfordern. Lokal und global gestaltete Kreislaufwirtschaft muss ein vorrangiges Ziel bleiben.

Ich wurde damals beim Streitgespräch von einigen – besonders hellen – Jugendlichen gefragt, ob ich nicht einer unrealistischen Gerechtigkeitsideologie folgte, die in Gleichmacherei münden würde, und ob es nach aller Erfahrung nicht immer Arme und Reiche gäbe. Außerdem sei die vorgetragene Vorstellung von naturnahem Leben antimodern und fortschrittsfeindlich. Leistung ließe sich im Übrigen nur durch Wettbewerb und entsprechende Belohnung der Leistungsstarken sowie der Fleißigen erreichen. Ich antwortete dem Sinne nach folgendes:

Gerechtigkeit als Gleichheit aller wird nie gelingen. Es wird immer Abstufungen geben, natürliche, soziale, politische, ökonomische. Aber Ungerechtigkeit lässt sich vermindern, ohne Entfaltungsfreiheit einzuschränken oder gar abzuwürgen. Eine öde Gleichmacherei wäre in der Tat ein (nordkoreanischer) Horror.

So weit wir in der Menschheitsgeschichte auch zurückschauen und den Spuren unserer Wirtschafts- und Sozialgeschichte nachgehen können, steht jede Generation neu vor dem Problem, wie sie die sich herausbildenden Disparitäten zwischen den Einflussreichen und den Einflusslosen, den

Besitzenden (*beati possidentes*) und den armen Schluckern, den Reichen und den Armen, den Gewinnern und den Verlierern, der High Society und den Losern – zwischen denen, die Glück hatten, und denen, die einfach Pech hatten, zwischen denen, die bereits in den Genen besser sind, und denen, die es in den Genen bereits schlecht getroffen haben, zwischen denen, die starken Willen zum Gewinnen haben, und solchen, die relativ antriebslos und anspruchslos bleiben. All das lässt sich kaum vermeiden, aber doch vermindern. Leistung muss sich lohnen, aber niemand dürfe durchs Netz fallen, und die Starken müssten auch für die Schwachen da sein. Schließlich kann einmal jeder von uns zu den »Schwachen« gehören – ob durch Schuld oder durch (tragisches) Schicksal. Und ich habe einfach mal unsere Lebensart extrapolieren wollen in die Zeit in vielleicht 100 Jahren und in die Ausweitung unserer Wohlstandserwartungen auf die anderen zwei Drittel der Welt. Was hält diese Welt auf Dauer aus?

Diese Vision trug ich also damals im April 1982 vor Jugendlichen vor, die sich nichts mehr wünschten als ein Auto, vielleicht gar ein Westauto.

Eines Tages / als wir erwachten / war alles verändert

Wir wohnten in Städten – aber es waren keine lärmenden Betonwüsten. Durch die Städte und um die Städte zogen sich Alleen und Parks, Sportstätten und Spielplätze. Durch die Straßen fuhren Fahrräder, rikschaähnliche Gefährte und einige Elektroautos für die Versorgung.

Wo einst Garagen standen, waren wieder Gärten. Es gab einfach keine Autos und Mopeds mehr, keine dröhnenden Laster und rußenden Dieselbusse, weil sie den Schlaf gestört, die

Luft vergiftet und wertvolles Erdöl gefressen hatten. Nun konnten wieder alle Menschen mit offenem Fenster leben. – Inmitten der Städte sahen wir Gärtnerhöfe und viele kleine Produktionsbetriebe. Der Weg zur Arbeit war nicht weit. – Die Haustiere und viele freilebende Tiere waren in die Städte zurückgekehrt. Unser Tag begann mit dem Gezwitscher der Vögel und dem Krähen der Hähne. Es lag eine emsige Ruhe über unserem Leben – vergessen war die hektische Betriebsamkeit. Es gab einen verlässlichen öffentlichen Nahverkehr und überall Fahrradausleihstationen.

Auf dem Land gab es viele Bauernhöfe. Mit Pferden und Ochsen wurde der Acker bestellt. Viele waren in die Dörfer gezogen. Die Arbeit brauchte viele Hände und war oft schwer. Aber jeder wollte an der frischen Luft lieber arbeiten als an Armaturen und in Büros. – Die Landschaft war durchzogen von Weihern und Feldrainen.

Es gab viele Wege zum Wandern und Spazieren. Wir brauchten nicht viele hundert Kilometer zu fahren, um eine schöne Landschaft und gute Luft zu erleben … – In den Sprühflugzeugen der LPG spielten die Kinder. Die Betonbunker dienten als natürliche Kühllager. – Überall bildeten sich kleine Handwerksbetriebe, die sich in Genossenschaften zusammengeschlossen hatten, aber unabhängig blieben. Ich sah Schmiede und Stellmacher, Schuster und Bäcker, Kürschner und Korbmacher … Die Verdienstunterschiede waren minimal. – Überschallflugzeuge waren nicht mehr zu hören und zu sehen über unserem Himmel, dafür des Öfteren Vogelschwärme, auch »Staffeln« von Kranichen und Wildgänsen.

Unsere Tische waren gedeckt mit viel Obst und Gemüse, Käse und Milch, Wurst und Fleisch gab es nur wenig. Beides war nämlich rationiert worden, weil die Großmastanlagen aufgelöst worden waren. Wir hatten genug zum Leben, wir füllten den »Mangel« durch schöne Gestaltung unserer Tische aus, denn »das Auge aß immer mit«. – Das Bereiten der Speisen machte Spaß. Vorgefertigtes war verpönt. Da der Verbrauch von Elektroenergie für jede Familie beschränkt war, verzichtete man auf alle unnötigen elektrischen Hilfsmittel. – Abwechslung boten die vielen kleinen Gaststuben, die Spezialitäten bereithielten. Maßstab für Güte war nicht die Menge.

Verpackung aus Plaste und synthetische Kleidung gab es kaum noch. Alle kleideten sich einfach. Aber jedem fiel etwas ein, wie er das Einfache schön und abwechslungsreich machen könnte. Dafür gab es ja auch den Schneider um die Ecke. – Erst wenn die Kleidung verschlissen war, wurde sie in Sammelstellen abgegeben. Dafür bekamen wir Kleidermarken. Manchen brauchten gar nicht so viele und gaben sie anderen weiter.

Unser Wasserverbrauch war sparsam, weil alle Menschen erkannt hatten, welchen Lebens-Wert das Wasser hat. Alle Menschen erinnerten sich noch an die Zeit, als es nirgendwo mehr sauberes Wasser gegeben hatte. – Im Winter war es oft sehr kalt. Wir rückten in den wenigen warmen Stuben zusammen. Das fiel uns oft schwer. Aber dort wurde vorgelesen und erzählt, gesungen und gespielt, diskutiert und gemalt. – Da die Elektroenergie und der Kraftstoff für die Maschinen nicht ausreichten, gab es wieder sehr viel manuelle Tätigkeit. Die Arbeit war schwer, aber weniger stupide. Wenn wir auf Atomenergie verzichten und unsere wenigen Wälder erhalten wollten, mussten wir so leben. – Die Industrieproduktion wurde nur dort fortgesetzt, wo sie nicht gleichzeitig Gifte für Luft und Wasser »produzierte«. Auf den stillgelegten Schornsteinen nisteten Störche.

Papier wurde nicht mehr verbrannt. Die Zeitungen waren dünner; der Humor stand obenan. Wir konnten in der Zeitung lesen, was uns für unser Zusammenleben und unsere Bildung interessiert. – Es konnten weniger Bücher gedruckt werden, aber es gab mehr Leihbüchereien, in denen wir ausleihen konnten alle Bücher mit allen Gedanken aller Menschen aller Zeiten. – Wer selber Bücher besaß, lieh sie gern aus und bekam sie auch zurück. – Statt Recordern wurden Musikinstrumente verkauft. Überall gab es Liedermacher und kleine Gruppen ohne Verstärkeranlagen. – Wir besuchten die Schulen, die Kirchen, die Kulturhäuser – und dort wurde »Bewusstsein« so gebildet, dass wir uns nicht belehrt, sondern ermutigt fühlten. Es machte Spaß zu lernen.

Als wir wieder aus unserem Traum erwachten, war alles anders

Und wir erzählten unseren Traum.

Da sagten die einen: »Das wäre schlimm. Wir wären so arm!«

Da sagten die anderen: »Das wäre wunderbar. Wir wären so reich!«

Da sagten die dritten: »Das ist unmöglich. Denn die Welt hat ihre eigenen Gesetze.«

Und *ich* sagte: »Das ist unbedingt nötig. Sonst gibt es ein böses Erwachen. Und das kann morgen sein.«

Und *wir* alle fragten uns: »Wie wird die Tat zur Schwester des Traumes?«

Eine konkrete Utopie (Stand Pfingsten 2016)

Das Leben ist schön. Das Leben ist in Gefahr.

Einfach leben macht glücklich. Gelassen sein gibt innere Kraft.

Unzufriedenheit macht unglücklich. Ehrfurcht vor dem Leben macht behutsam im Umgang mit Menschen und allen Lebewesen.

Frieden ist schön schwer, besonders mit dem Gegner.

Die ganz großen Fragen bewahrheiten und bewähren sich in den einfachen Dingen des Lebens. Wer das Große im Blick hat, darf das Kleine und Nahe nicht aus den Augen verlieren und umgekehrt: Wer sich ganz um das eigene Leben in seinem Umfeld besorgt und bekümmert, darf auch das große Ganze nicht vernachlässigen.

Das Jahr 2017 könnte Impuls werden für den unerledigten Gedanken eines ökumenischen Konzils und eines erneuten entschlossenen Aufgreifens des Dialogs der Religionen, um deren friedensschaffendes Potential wirksam werden zu lassen, statt zuzusehen, wie Religionen weiterhin in mörderische Stellung gebracht werden.

Dietrich Bonhoeffer formulierte 1934 – ein Jahr nach der Machtübergabe an Adolf Hitler – die Idee eines ökumenischen Konzils:

Die »Kirche Christi lebt zugleich in allen Völkern und doch jenseits aller Grenzen völkischer, politischer, sozialer, rassischer Art, und die Brüder dieser Kirche sind durch das Gebot des einen Herrn Christus, auf das sie hören, unzertrennlicher verbunden als alle Bande der Geschichte, des Blutes, der Klassen und der Sprachen Menschen binden können. Alle diese

Bindungen innerweltlicher Art sind wohl gültige, nicht gleich-gültige, aber vor Christus auch nicht endgültige Bindungen [...] Wie wird Friede? Wer ruft zum Frieden, daß die Welt es hört, zu hören gezwungen ist, daß alle Völker darüber froh werden müssen? Der einzelne Christ kann das nicht – er kann wohl, wo alle schweigen, die Stimme erheben und Zeugnis ablegen, aber die Mächte der Welt können wortlos über ihn hinwegschreiten. Die einzelne Kirche kann auch wohl zeugen und leiden – ach, wenn sie es nur täte –, aber auch sie wird erdrückt von der Gewalt des Hasses. Nur das eine *große ökumenische Konzil der Heiligen Kirche Christi* aus aller Welt kann es so sagen, daß die Welt zähneknirschend das Wort vom Frieden vernehmen muß und dass die Völker froh werden, weil diese Kirche Christi ihren Söhne im Namen Christi die Waffen aus der Hand nimmt und ihnen den Krieg verbietet und den Frieden Christi ausruft über die rasende Welt.« (Dietrich Bonhoeffer, Gesammelte Schriften, Bd. I, S. 217f.)

Der Philosoph und Physiker Carl Friedrich von Weizsäcker nahm diese Forderung unter der Überschrift »Die Zeit drängt« auf. Er sprach sich für die unmittelbare Geltung der Botschaft Jesu aus. Es sei »unmöglich, die klaren Worte Jesu so umzudeuten, als habe er sie nicht direkt zur Anwendung, sondern nur zu Schärfung des vernünftigen Gewissens gemeint« (Die Zeit drängt, München 1986, S. 105). Neben der Friedensfrage als einer Überlebensfrage der Menschheit steht für ihn nun die ausbleibende Weltgerechtigkeit und die Bewahrung der Schöpfung in all ihrer Vielfalt auf der Agenda.

Ein Ökumenisches Konzil solle sich ausdrücklich davon fern-halten gegenseitig Häresien zu identifizieren. Man solle kommunizieren und nicht exkommunizieren. Ganz in diesem

Sinne ist das große Projekt des Weltethos von Hans Küng (Projekt Weltethos, 1990 und Deklaration des Parlaments der Weltreligionen, 1993) keineswegs erledigt, auch wenn es aus den Schlagzeilen verschwunden ist. Küng verwies auf die große Schnittmenge aller Religionen in ganz grundsätzlichen Fragen, vor allem in der Konzentration auf die sogenannte »Goldene Regel«: »Alles nun, was ihr wollt, dass euch die Leute tun sollen, das tut ihnen auch«. (Mt 7,12)

Am Ende seines Manifests erzählt Weizsäcker einen Traum:
»Wenn die Tränen nicht rechtzeitig geweint werden, so wird es kein Friedenskonzil geben, sondern das nackte Entsetzen. Tränen sind eine Gnade. Sie sind der Beginn des Trostes, der zu uns kommt, wenn wir gewagt haben, dem Schrecken in die Augen zu schauen. Solange wir den Schrecken verdrängen, leben wir in dem Krampf, in dem unsere scheinbar verständigen und entschlossenen Handlungen das Urteil herbeiführen, das sie unserer Vorstellung nach hätten verhindern sollen. Die Träne gibt die falsche Hoffnung auf, wir seien Meister unseres Geschicks. Sie eröffnet den Weg zur wachen Hoffnung auf das, was nicht in unserer Macht steht. Und damit macht sie uns frei zum wirklichen Handeln. Wir sehen dann das erste Licht des neuen Tags. Die Zeit ist reif.« (1983 auf der Weltkirchenkonferenz in Vancouver bzw. 1986 in seinem Manifest »Die Zeit drängt«, S. 117)

Die nach dem Zweiten Weltkrieg sich etablierende Zwei- oder Dreiteilung der Welt gibt es seit 1990 nicht mehr. Das angeblich sozialistische Gesellschaftssystem, das sich Gerechtigkeit und Völkerverständigung auf die ideologische Fahne geschrieben und von innen her zu reformieren begonnen hatte, ist im Orkus der Geschichte verschwunden. Die eine Welt ist in eine

Unzahl von Konfliktfeldern zerfallen. Der Neoliberalismus dominiert und bescheunigt die Gegensätze. Fast überall kommt Neonationalismus auf. Die Friedensbewegung und die weltweite grüne Bewegung sind nur noch rudimentär erkennbar und fast einflusslos für politische Entscheidungen.

Das Desaster des Irakkrieges wirkt in vielen Tragödien nach. Abertausende Flüchtlinge stehen vor den Türen Europas und das Projekt Europa ist in akuter Gefahr.

Ein Ökumenisches Konzil wüsste sicher auch keine schnelle Lösung, zumal alle selber Teil des Problems sind. Aber ein Weckruf könnte beides sein, wo die spirituellen und kulturellen, technischen und rechtlichen, politischen und sozialen, ökonomischen und ökologischen Belange, Möglichkeiten und Interessen zusammenfließen: holistisch, nicht anthropozentrisch!

Die Einheit ist nicht Voraussetzung einer solchen, dem Oikos dem Ganzen zugewandten Ökumene, sondern das Ziel, das sich auf dem Wege ergibt, wo gelebte Geschwisterlichkeit die Grundlage ist.

Ein Konzil stellt die unterschiedlichen Traditionen nicht in Frage, die sich im Laufe der Christentumsgeschichte herausgebildet haben. Aber diese historischen Differenzen werden zweitrangig gegenüber der gemeinsamen Verantwortung angesichts der elementaren Gefährdung dieses wunderbaren vielgestaltigen Lebens. Dessen Schätze haben wir den nächsten und übernächsten Generationen in einem guten Zustand zu hinterlassen.

Die Weltchristenheit hat in Papst Franziskus einen inspirierten und inspirierenden Repräsentanten gefunden, dem es weiter gelingen möge, unseren Gottesglauben zu erden, unsere Zuversicht zu stärken, der Barmherzigkeit eine Stimme zu geben, dem Frieden auf dem Weg des Friedens eine Chance zu lassen – und gerade mitten in aller Sorge und Besorgnis – das Lob der Schöpfung zu singen.

Sollten wir nicht die dogmatischen Streitigkeiten hinter uns lassen und uns unserer Verantwortung gemeinsam stellen, dieser wunderbaren Schöpfung ein guter Bundesgenosse zu sein, als Geschöpfe, die berufen sind zur mit-schöpferischen Tätigkeit auf dieser Erde, als Mit-Schöpfer des Schöpfers, als mit- und neuschaffende Mitgeschöpfe, die ihre Menschlichkeit als Mitmenschlichkeit und als Mitgeschöpflichkeit verstehen und ausprägen lernen.

Wo wir uns im Ganzen und Wesentlichen eins werden, dort sind die tradierten Unterschiede und Differenzen im Einzelnen zweitrangig geworden, wenngleich nicht unwichtig geblieben. Aber im Vordergrund steht die Einübung in ein Leben in versöhnter Vielfalt.

Am Ende dieses Buches stehen zwei Gebete: Das große ökumenische Gebet im Johannesevangelium (Joh 17) bittet um Wahrheit und Einheit. Das Lobpreisgebet des Heiligen Franziskus vermag über die Jahrhunderte hinweg das Herz zu erwärmen und dabei helfen, unser Tagwerk unter Gottes Segen zu verrichten.

Du bist der heilige Herr, der alleinige Gott,
der du Wunderwerke vollbringst.
Du bist der Starke. Du bist der Große.
Du bist der Erhabenste. Du bist mächtig,
du heiliger Vater, König des Himmels und der Erde.

Du bist der dreifaltige und eine Herr, Gott aller Götter.
Du bist das Gute, jegliches Gut, das höchste Gut,
der Herr, der lebendige und wahre Gott.
Du bist die Liebe, die Minne.
Du bist die Weisheit.
Du bist die Demut.
Du bist die Geduld.
Du bist die Schönheit.
Du bist die Milde.
Du bist die Sicherheit.
Du bist die Ruhe.
Du bist unsere Hoffnung.
Du bist die Freude und Fröhlichkeit.
Du bist die Gerechtigkeit.
Du bist das Maßhalten.
Du bist all unser Reichtum zur Genüge.
Du bist die Schönheit.
Du bist die Milde.
Du bist der Beschützer.
Du bist der Wächter und Verteidiger.
Du bist die Stärke.
Du bist die Zuflucht.
Du bist unsere Hoffnung.
Du bist unser Glaube.
Du bist unsere Liebe.
Du bist unsere ganze Wonne.
Du bist unser ewiges Leben:
großer und wunderbarer Herr,
allmächtiger Gott, barmherziger Retter.

DASS SIE EINS WERDEN.
(Joh 17,21)

Das große Buch protestantischen Denkens und Glaubens

Friedrich Schorlemmer
Was protestantisch ist
Das große Buch des
Denkens und Glaubens –
Die wichtigsten Texte
aus 500 Jahren
320 Seiten | Gebunden
mit Schutzumschlag
ISBN 978-3-451-34769-6

Das Herz des Protestantismus schlägt in seinen zentralen
Texten: in Bekenntnisschriften, aber auch in Liedern,
Reden, Gedichten, die Menschen bis heute bewegen.
Texte zur Selbstvergewisserung und Selbstbefragung,
zur theologisch-geistlichen Vertiefung, zum Innehalten
der Seele und zum Anregen eigenen Tuns. Von Martin
Luther bis Dietrich Bonhoeffer und Dorothee Sölle: eine
lebendige Orientierung für alle. Zum Reformationsjubiläum 2017.

HERDER

In jeder Buchhandlung
oder unter www.herder.de